Michael H. Buchholz

Die universellen
Lebensregeln

Michael H. Buchholz

Die universellen Lebensregeln

Der Kompaß für Alles was du willst

Omega

Bibliografische Information der deutschen Bibliothek:

Die deutsche Bibliothek verzeichnet diese Publikation
in der deutschen Nationalbibliografie;
detaillierte bibliografische Daten sind im Internet über
http://dnd.ddb.de abrufbar.

2. Auflage 2021

© Copyright 2015 by Omega®-Verlag

Omega-Verlag ist ein Imprint der Verlag „Die Silberschnur" GmbH

Lektorat: Gisela Bongart

Umschlaggestaltung: agentur IDee / Covermotiv: fotolia

Druck: ⌇ FINIDR, Český Těšín, Tschechische Republik

Dieses Buch wurde nach den Regeln der alten Rechtschreibung lektoriert.

Alle Rechte der Verbreitung, auch durch Funk, Fernsehen, fotomechanische
und elektronische Wiedergabe, Internet, Tonträger jeder Art und auszugs-
weisen Nachdruck, sind vorbehalten.

ISBN 978-3-930243-73-0

Verlag »Die Silberschnur« GmbH · Steinstr. 1 · 56593 Güllesheim
www.silberschnur.de · E-Mail: info@silberschnur.de

Inhaltsverzeichnis

Teil II
Die Sonderregeln

Teil III
Anhänge

Was wir erwarten, werden wir finden.

Aristoteles

Wenn du das tust,
was du immer getan hast,
dann wirst du auch nur das dafür bekommen,
was du immer dafür bekommen hast.

Abraham Lincoln

Wenn etwas anders wird,
heißt das nicht, daß es besser wird.
Wenn es aber besser werden soll,
muß es anders werden.

Georg Christoph Lichtenberg

Der kürzeste Weg, alles zu erreichen,
was du willst, ist zu verstehen,
wie das Universum funktioniert

Enoch Tan

Mein Dank gilt allen,
die dieses Buch ermöglicht haben:

meiner Frau Sabine, in tiefer Liebe;
meinem Sohn Christopher, für seine Geduld;
meinen Eltern, die mir die Umgebung gaben,
die ich brauchte, um zu wachsen;
den Lehrern, Autoren und Seminartrainern,
denen ich mein Wissen verdanke;
den Seminarteilnehmern, die mich anregten,
die Regeln weiterzugeben.

Einleitung

Liebe Leserin,
lieber Leser,

fast jeder möchte *irgendwie* erfolgreich sein – aber was ist das eigentlich genau? Wann bin ich denn erfolgreich? Diese Frage ist kaum mit wenigen Worten zu beantworten und hat es buchstäblich in sich.

In diesem Buch sage ich: Du bist erfolgreich, wenn du EReignisse in Gang setzt, deren FOLGen dich REICH machen. Das setzt einerseits die **richtigen** Ereignisse voraus, und andererseits ... was bedeutet nun wieder „reich"?

Geht es hier um Geld? Nein, zumindest nicht unmittelbar. Geld beruhigt zwar, aber es macht nicht allein glücklich oder bringt dich in einen gesunden Zustand (zurück). Es geht allerdings tatsächlich um **dein** Vermögen. Und zwar um dein Vermögen, genau die Gesundheit, den Wohlstand, das Glück und den Erfolg in dein Leben zu ziehen, den du willst. Geld kann und wird dabei ein Begleitumstand sein, wenn du ihm im Grunde deines Herzens positiv gegenüber stehst. Und das ist gar nicht so selbstverständlich – viele Menschen tragen ganze Bündel an erfolgsverhindernden Armutsprogrammen mit sich herum. Sie sagen dann: Ich bin zu groß, zu klein, zu dick, zu dünn, hatte eine schlimme Kindheit, habe keine guten Beziehungen, bin nicht talentiert, es geht nicht, das ist für mich zu groß, und vor allem – irgendwelche anderen sind immer schuld.

Für mich hat sich mit den Jahren eine sich immer wieder bestätigende Sichtweise herauskristallisiert: Jedes Vermögen kommt von MÖGEN.

Je mehr Mögen ich bei einer Tätigkeit empfinde, desto mehr wächst automatisch mein Vermögen, eben diese Tätigkeit erfolgreich auszuüben. Was ja an und für sich kein Wunder ist. Mögen ist eine Teilmenge von Liebe, und Liebe ist die stärkste Kraft = Energie des Universums. Es ist Anziehungskraft pur. Das ist der Grund, weshalb du mit deinem Mögen, mit deiner Liebe, Dinge ursächlich in Gang setzen und außerordentlich kraftvoll bewegen kannst.

Viele haben sich in den vergangenen Jahren mit dem „law of attraction", dem Gesetz der Anziehungskraft, beschäftigt – und sind oftmals daran gescheitert. Weshalb? Weil sie meiner Meinung nach dem Mögen kaum oder zu wenig Aufmerksamkeit gewidmet haben. Denn die Energie folgt immer der Aufmerksamkeit. Dein Unterbewußtsein „hört" ununterbrochen mit und weiß genau, was du in deinem Herzen magst und was nicht, egal was dein Verstand auch dazu behauptet.

Dein Maß an Mögen ist also der entscheidende Faktor, nicht das Objekt oder der Umstand selbst, den du in dein Leben zu ziehen beabsichtigst. Wenn du dabei Angst empfindest, wird dir das Mögen schwerfallen. Wenn dich zum Beispiel ein Mangel bekümmert, dann richtest du deine Aufmerksamkeit auf eben diesen Mangel, und die Energie wird in den Mangel fließen und ihn stärken. Obwohl es das Letzte ist, was du willst, es wird geschehen. Denn du mißachtest in deiner Angst vor dem Mangel völlig den Faktor des Mögens. Angst, heißt es, ist die Abwesenheit von Liebe. Da Mögen aber eine Teilmenge von Liebe ist, ist Angst auch die Abwesenheit von Mögen. Und damit die Abwesenheit deines Vermögens, deine Not positiv zu wenden.

Die gute Nachricht ist: Dieses Buch ist dazu gedacht, dieses Mögen – und damit dein Vermögen – zu stärken und zu steigern.

Dieses Buch ist für dich das richtige, wenn du dem Folgenden zustimmst:

- Erfolgreich sein heißt, eine berufliche Tätigkeit auszuüben, die zu dir paßt und dir Freude bereitet.
- Es heißt außerdem, ein Leben zu führen, in dem du ganz du selbst sein kannst und darfst, in dem du dich nicht verstellen mußt. In dem du frei bist und tun darfst, was du gerne tust. Kurzum: ein Leben führst, in dem du bekommst, was du brauchst, sowohl in materieller Form als auch immateriell und spirituell.

Meine Kurzformel dafür ist *Alles was du willst.* Das Buch enthält 36 von mir als universell gültig erkannte Lebensregeln, die genau das für dich bewirken – sofern du bereit bist, sie anwenden.

Diese Universellen Lebensregeln sind uralt. Sie sind in vielen Kulturen verbreitet, haben Einfluß in die Religionen gefunden und wurden von unzähligen Philosophen zu allen Jahrhunderten durchdacht. Sie sind also ganz gewiß nicht neu, aber in der vorliegenden kompakten Form wohl doch etwas Besonderes. Aufgrund ihrer universellen Prägung sind sie allgemein gültig: für jedermann, in jeder Lebenssituation, für das Erreichen eines jeden Ziels. Ganz gleich, ob es sich bei diesem Ziel um deine Gesundheit handelt, um dein Glück, den von dir angestrebten Wohlstand oder Erfolg.

Das Wort Regel kommt von *regulieren*. Die Regeln engen also nicht ein, sie reglementieren <u>nicht</u>, sondern im Gegenteil: Sie harmonisieren, sie gleichen aus, sie halten das System deines Leben stabil. Sie gleichen dem Schwung, der den Kreisel aufrechthält. Und das meine ich wörtlich: an vielen Stellen wird es um Schwingung und Energie gehen. Umgekehrt zeigen sie auf, weshalb es vielleicht in deinem Leben zu Schwierigkeiten gekommen ist. Nämlich immer dann, wenn du dich absichtlich oder unbewußt (wie es den meisten ergeht) gegen die Universellen Lebensregeln stellst, ihnen also zuwiderhandeltst. Das kostet in der Regel (!) Energie, bremst dich aus, macht dich unter Umständen sogar krank. Doch gilt auch umgekehrt: Sobald du dich wieder der Regeln besinnst und dich ihnen gemäß verhältst – das meine ich mit *anwenden* – , kehren Gesundheit, Wohlstand, Glück und Erfolg zurück. Und bleiben, solange du dich der Regeln regelmäßig entsinnst.

Du hast es schon bemerkt ... in diesem Buch spreche ich zu deinem Herzen, zu deiner Seele, und die kennt kein trennendes Sie. Das darf auch gern auf Gegenseitigkeit beruhen. Falls du mir einmal schreiben möchtest, so wähle ebenfalls gerne die Du-Form. Immerhin sind wir – sozusagen – am Ende des Buches ein Stück Wegs miteinander gegangen, haben manches Tal durchschritten und uns umso mehr über die bewegenden Ausblicke auf den verschiedenen Gipfeln gefreut. Das verbindet ... und ich wünsche mir, dir in Form dieses Buches eine kleine Weile so ähnlich wie ein Freund zur Seite stehen zu dürfen.

Michael H. Buchholz
Hannover, im September 2014

Teil I

Die 36 UNIVERSELLEN LEBENSREGELN

„Wir müssen nicht immer wissen,
warum etwas funktioniert.
Es reicht zu wissen, daß es funktioniert.

Viele zögern und zögern,
weil sie etwas noch nicht völlig verstehen.

Etwas nicht zu verstehen darf dich niemals
davon abhalten, die Dinge zu tun.

Es ist so viel klüger,
die Dinge einfach nur zu tun."

aus: Ein Hund namens Money (Bodo Schäfer)

I. Regel: Du kannst im Leben alles haben, was du willst

Das Geheimnis des Könnens liegt im Wollen.

Ein „ich kann nicht" kann es daher gar nicht geben. Es ist immer ein verborgenes „ich will nicht". Wenn du davon überzeugt bist, daß du etwas nicht *kannst*, dann *willst* du im Grunde deines Herzens diese Sache, diese Fähigkeit, dieses Wissen, diese Summe an Geld oder was auch immer es sein mag gar nicht besitzen.

Vielleicht *kannst* du das nicht akzeptieren. Falls das so ist, *willst* du es nicht akzeptieren. Richtig?

Das Geheimnis des Könnens liegt immer im Wollen. Denke einmal ehrlich darüber nach. Vielleicht hast du verborgene Ängste, vielleicht längst vergessene Erfahrungen gemacht, die dich heute steuern, ohne daß du es merkst.

Dafür gibt es Gründe. Manchmal sind sie dir vielleicht gar nicht bewußt. Das Wort „Überzeugung" ist hier der Schlüsselbegriff. Das, wovon du überzeugt bist, woran du glaubst, hat sich in dir als fester Bestandteil deiner Persönlichkeit niedergelassen. Mit dem, was du glaubst, hast du immer recht.

Du kannst es auch *Glaubenssystem* nennen. Ein Glaubenssystem besteht aus der Summe all deiner Glaubenssätze. Ein Glaubenssatz ist eine Teilaussage wie etwa „ich habe immer Pech".

Im Grunde bist du das, was du als Glaubenssystem in deinem Unterbewußtsein hinterlegt hast (und ständig mit dir herumträgst). Wenn du immer nur wenig Geld hast, dann *glaubst* du tief in dir, daß du nur wenig Geld verdienst oder wert bist. Wenn du gut aussiehst, dann liegt das zu einem großen Teil an deiner Ausstrahlung, mit der du auf andere Menschen wirkst, und nur zu einem geringen Teil an deiner genetischen Veranlagung. Diese Ausstrahlung aber ist das Ergebnis deiner zuvor gedachten Gedanken über dich und deine langfristigen (Selbst-) Wertvorstellungen, kurz gesagt: dessen, was du von dir selbst *glaubst*. Glaube also künftig stets das Beste von dir. (Ein leicht anwendbares mentales Beauty-Programm entwickelte Cora Besser-Siegmund in ihrem Buch DENK DICH SCHÖN, siehe Literaturverzeichnis.)

Wenn es heißt, daß der Glaube Berge versetzt, dann deswegen, weil deine Glaubenssätze die Kraft dazu haben. Alle, die in ihrem Leben jemals etwas erreicht haben, haben das erreicht, weil sie daran glaubten. Für viele allerdings ist diese Tatsache schwer zu akzeptieren. Schließlich haben wir alle über Jahre hinweg etwas anderes gelernt. Von Mühe und harter Arbeit haben wir gehört. Von Zufall und Können. Von schlechten Umständen und geringen Chancen. Andere Glaubenssätze ...

Deine Glaubenssätze wirken wie die Programme eines Computers. Auch der Computer denkt nicht über die Richtigkeit seiner Programme nach. Er befolgt sie, immer wieder, solange, bis an ihre Stelle neue, bessere, der Situation angepaßtere Programme gesetzt werden. *Dein Unterbewußtsein reagiert also auf das, was vorher in dich hineingetan wurde.* Von anderen und von dir. Damit meine ich alles, was du in Form von Worten, Bildern und Gedanken in dich aufnimmst.

In deiner Kindheit haben viele Menschen an deinen Programmen „geschrieben": deine Eltern, deine Geschwister, deine Lehrer, Verwandte, Freunde. Viele Dinge, die damals richtig waren, wirken noch heute, obwohl sie längst überholt sind. Heute schreiben andere deine Programme. Heute bist du es selbst, sind es deine Arbeitskollegen, deine Familie, deine Nachbarn, deine Freunde und alles, womit du dich umgibst – Bücher, die du liest, Filme, die du dir anschaust, Gedanken, die du dir in jeder einzelnen Sekunde deines Lebens machst. Wenn dir in deinem Leben etwas fehlt – ganz gleich ob es Geld ist, Liebe, Gesundheit, Freunde, Erfolg –, dann deswegen, weil irgendwo in deinem Glaubenssystem ein Glaubenssatz existiert, in dem von *Mangel* die Rede ist. Etwa „ich bin es nicht wert, geliebt zu werden, weil ..." oder „es hat sowieso keinen Sinn, mich dort zu bewerben, weil ..."

Aber: Wenn du *Mangel* nur durch die Kraft deiner Gedanken erzeugen kannst, dann müßtest du doch genauso gut *Fülle* allein durch die Kraft deiner Gedanken erzeugen können, oder?

Und das genau ist es! Du kannst es längst. Du tust es nur nicht, weil du davon überzeugt bist, daß „es" so einfach doch nicht sein kann. Glaubenssätze ...

Also höre dir ab heute einmal zu beim Denken. Kommen dir Gedanken des Mangels, ersetze sie sofort durch einen Gedanken der Fülle. Wenn du in *Armut* lebst, dann deswegen, weil du *arm an Mut* bist. Arm an dem Mut, die Fülle in deinem Leben zuzulassen. Dabei besitzt du bereits alles, was du brauchst, um auch die Fülle in dein Leben zu holen. Schließlich ist es dir auch gelungen, den Mangel erfolgreich in dein Leben zu ziehen. Du weißt also längst, wie es geht. Du kannst es – willst du es auch?

Quintessenz der 1. Regel:

Du kannst im Leben alles haben, was du willst

1. Du wirst morgen das sein, was du heute denkst.

2. Du bestimmst immer, was und wie du über etwas denkst. Deine Gedanken (deine Bewertungen) machen Ereignisse, Personen und Gegenstände erst zu dem, was sie (für dich) sind.

3. Du bist der Pförtner oder Torwächter aller Informationen aus deiner Außenwelt. Du bestimmst, ob du dich ihnen aussetzen möchtest – und sie damit in dich hineinlassen willst – oder nicht. Was du in dich hineinläßt, prägt dich als Persönlichkeit unmerklich, aber stetig.

4. Du kannst jeden deiner Gedanken durch einen beliebigen anderen ersetzen. Es steht dir frei, alle Dinge, Ereignisse und Personen gleichsam neu zu „etikettieren".

5. Du wirkst durch deine Gedanken wie ein Magnet. Du ziehst stets das an, was von dir wiederholt gedacht wird. Was du wiederholt denkst, verwirklicht sich.

2. Regel: Du darfst im Leben alles haben, was du willst

Auch dies ist ein mächtiger Glaubenssatz, den viele Menschen allerdings in ihrer negativen Ausprägung hegen und pflegen. Da heißt es dann „mir steht dieses und jenes einfach nicht zu", eine Folge von Botschaften, die wir früher oft gehört haben: „Schuster, bleib` bei deinen Leisten." Oder: „Lieber den Spatz in der Hand als die Taube auf dem Dach." – Und so gehorcht unser Unterbewußtsein wie stets vorbildlich und erfüllt uns mit einem schlechten Gewissen, sobald wir einmal einen Wunsch verspüren, der über das übliche Maß hinausgeht. Was wiederum nur beweist, wie mächtig Glaubenssätze und -systeme wirken. Noch einmal: wenn es in der negativen Variante funktioniert, dann muß es auch in der positiven Variante funktionieren. Deshalb sage dir immer, wenn du wieder dabei bist, dich selbst zu beschränken: *„Ich darf im Leben alles haben was ich will!"* Allerdings funktioniert das nur, solange niemand anders dadurch geschädigt wird; sonst blockiert dich dein schlechtes Gewissen.

Jede Grenze, die du dir selber setzt, ist eine Grenze, die du definitiv hast. Und die solange bestehen bleibt, bis du sie auflöst, verschiebst oder durch eine andere ersetzt. Wie stark diese Dinge wirken, kannst du ausprobieren. Bewege dich einmal drei Wochen im Kreise wohlhabender, gesunder, glücklicher und erfolgreicher Menschen, sprich mit ihnen, höre ihnen aufmerksam zu, und du wirst bald anfangen, wie sie zu denken. Bewege dich einmal drei Wochen im Kreise arbeitsloser, kranker, gedemütigter, erfolgloser Menschen, sprich mit ihnen, höre ihnen aufmerksam zu, und du wirst gleichfalls anfangen, wie sie zu denken.

Psychologen nennen das die „Referenzgruppe", nach der wir uns unbewußt richten. Menschen im Kreise intelligenter Menschen werden selbst intelligenter, Menschen im Kreise weniger intelligenter Menschen verlieren allmählich ihre geistigen Fähigkeiten. Dies gilt für jedes Lebensalter, für Kinder wie für Erwachsene, für Frauen wie für Männer.

Darum suche dir deine Freunde, deine Bücher, deine Filme genau aus, achte vor allem auf deine Gedanken und prüfe alles, was dich umgibt, ob es wirklich das widerspiegelt, was du dir vom Leben erhoffst. Wenn nicht, ändere es schnell.

Oder glaubst du, daß du das nicht kannst? Zeige mir, womit du dich – auch in Gedanken –umgibst, und ich sage dir, wie deine Zukunft aussieht. Darum *werden* die Reichen immer reicher und die Armen immer ärmer. Wenn dir bislang nichts gelingt, dann deswegen, weil du davon überzeugt bist, weil du *glaubst*, daß dir nichts gelingen *kann*.

Sobald du wegen eines Wunsches in dir ein erwachendes schlechtes Gewissen verspürst, mache dir bewußt, was da gerade geschieht. Ein alter, womöglich aus deiner frühen Kindheit stammender Glaubenssatz wird soeben aus den Tiefen deines Unterbewußtseins in deinen Arbeitsspeicher (sprich den Sektor deines Gehirns) geladen, in dem du gerade denkst. Dann läuft das Programm ab, und du hast ein schlechtes Gewissen, weil dein jetziger Wunsch sich nicht mit deinem alten Programm versteht.

Computerleute würden sagen: Du hast nichts anderes als ein Software-Inkompatibilitätsproblem. Wende dann den Trick der Computerfachleute an. Lösche dein altes Programm.

Wie? Ganz einfach. Indem du an die gleiche Stelle ein anderes, neueres Programm schreibst. Du überspielst das alte einfach. Wie das?

Der wirklich einfache Trick hierbei ist konstante Wiederholung.

Schreibe dir den neuen Glaubenssatz auf viele Kärtchen, die du überall verteilst und daher immer wieder lesen wirst: *„Ich darf im Leben alles haben was ich will!"* Sage dir den neuen Glaubenssatz in jeder freien Minute im Stillen auf, wenn du warten mußt, auf der Rolltreppe. So oft du kannst. Sprich ihn hintereinander immer wieder auf Kassette und höre dir den Satz auf deinen Autofahrten an. Schreibe ihn jeden Tag in deinen Zeitplaner. Laß ihn als Bildschirmschonertext über deinen Monitor wandern. Stell dich vor den Spiegel und sage ihn laut deinem Spiegelbild auf.

Immer, wenn du dir deinen neuen Glaubenssatz wiederholst, gib soviel angenehme Gefühle hinein, wie du kannst. Fühle dich gut dabei. Freue dich dabei.

Je mehr, desto besser.

Quintessenz der 2. Regel:

Du darfst im Leben alles haben, was du willst

1. Glaube an Grenzen, und sie gehören dir. Dein Geist kennt keine Grenzen, außer denen, die du dir selbst steckst.

2. Suche dir (d)eine Referenzgruppe, die schon so lebt, wie du gerne leben möchtest.

3. Hast du wegen eines Wunsches ein schlechtes Gewissen, so mach' dir bewußt, daß dies ein altes Programm ist: „Das steht mir nicht zu!" Wandle den Gedanken stets sofort in ein „ich darf das" um.

4. Freue dich an deinen Wünschen. Du hättest sie nicht, wenn sie in deinem Leben keinen Sinn ergeben würden. Die Natur (das Universum) verschwendet nicht – nicht einmal Wünsche. Also hast du sie, weil sie wichtig sind für dich. Je mehr du dich über sie freust, desto stärker arbeitet dein innerer Magnet.

5. Konsequent sein ist nichts anderes als beständiges Wiederholen (con sequentia = mit gleicher Takt- oder Schlagzahl). Je häufiger du einen Gedanken wiederholst, desto mehr wird er Teil deiner Persönlichkeit. Je häufiger du ihn wiederholst, desto eher glaubst du ihn und umso überzeugter wirst du.

3. Regel: Beherzige das 21-Tage-Phänomen

Ein anderer Name für Glaubenssatz ist – Gewohnheit. Alle Gewohnheiten, die du im Laufe deines Lebens angenommen hast, sind Gewohnheiten geworden, weil du sonst nicht würdest überleben können. Stell' dir einmal vor, du müßtest schnelle, lebensrettende Reaktionen – z.B. im Straßenverkehr – erst bewußt durchdenken, ehe du handelst. Du wärst wahrscheinlich tot, ehe du damit fertig bist.

Deshalb können wir automatische Reaktionen entwickeln, die blitzschnell ohne nachzudenken ablaufen. Am Anfang war das natürlich anders. Da hast du jede Phase deiner Reaktion durchdacht, analysiert, verbessert, sie immer wieder wiederholt, bis irgendwann aus deiner bewußten Steuerung eine automatische Reaktion geworden ist.

Gewohnheiten nutzen denselben Mechanismus im Gehirn. Du nimmst deinen Stammplatz ein, ohne darüber nachzudenken; du fährst dieselbe Strecke ins Büro, ohne darüber nachzudenken; du ißt sogar oft, ohne darüber nachzudenken; du erledigst gewisse Dinge, meist Routineaufgaben, ohne darüber nachzudenken. Gewohnheiten bekommst du immer dann, wenn du bestimmte Dinge immer wieder auf die gleiche Art und Weise angehst. Mit anderen Worten: sie wiederholst. Du schreibst dir durch die ständige Wiederholung ein neues Programm, einen neuen Glaubenssatz, nämlich den, daß es richtig ist, diese Sache so und nicht anders zu erledigen. Und wenn du denselben Vorgang etwas mehr als drei Wochen lang immer wieder auf die gleiche Art und Weise vollführst, hat dein bewußter Verstand keine Lust mehr, diese Sache minutiös zu kontrollieren, und er delegiert sie – an dein Unterbewußtsein. Fortan denkst du nicht mehr darüber nach. Du tust es einfach.

Verhaltensforscher wissen inzwischen: Du *mußt* mindestens 21 Tage lang eine neue Verhaltensweise immer wieder bewußt auslösen, ehe der Vorgang an dein Unterbewußtsein delegiert wird und eine neue Gewohnheit als Programm angelegt ist. Nicht 19, nicht 20 Tage. *Einundzwanzig!* Das ist das 21-Tage-Phänomen[*].

Wenn du also ein altes Programm, eine unliebsam gewordene Gewohnheit wieder los werden willst, dann reicht ein einfacher Entschluß, ein „ab heute nicht mehr" leider nicht aus. Solange dein altes Programm nicht komplett überschrieben, also durch eine neue Verhaltensweise ersetzt worden ist, behältst du das alte Verhalten und machst unbewußt weiter wie bisher.

Darum beherzige das 21-Tage-Phänomen.

Suche dir ein neues Verhalten aus, das du an die Stelle des alten setzen willst. Und dann steuere dich bewußt dazu, dieses neue Verhalten 21 Tage lang immer dann zu zeigen, wenn normalerweise dein bisheriges, automatisches Verhalten kommen will. Zu Beginn wirst du dich dazu zwingen müssen. Du wirst dich bei dem neuen Verhalten „fremd" fühlen, es wird dir unangenehm werden. Je mehr Tage vergehen, desto schwerer wird es dir fallen. Und die Versuchung ist riesig, doch einfach das alte Verhalten weiter zu praktizieren. Was geschieht da?

---

[*] 21 Tage stellen wirklich das absolute Minimum dar. Je länger du dran bleibst, desto besser ist es natürlich. Und desto leichter wird es für dich. Willst du sichergehen, so setze dir selbst eine längere Frist von 30, 60 oder auch 90 Tagen. Die Zahl der Wiederholungen arbeitet immer für dich. Viele schaffen allerdings nicht einmal diese 21 ersten Tage. Schaffst du sie, hast du dir selbst bewiesen, daß du auch 30, 60 oder gar 90 Tage dabeibleiben kannst.

Dein altes Programm kämpft ums Überleben. Das ist alles. Deine alte Gewohnheit, die du dir ja irgendwann einmal mit viel Mühe angewöhnt hast, fordert ihre Existenzberechtigung ein. Schließlich war sie jahrelang ein Teil von dir, hat dich unterstützt, und jetzt soll sie vor die Tür gesetzt werden? Darum wird sie gegen den Hinauswurf ankämpfen. Mit aller Macht.

Die gute Nachricht ist: Sie hat nur Energie für genau 21 Tage. Dann ist der Tank leer, nichts geht mehr. Wenn du also mit deiner neuen Gewohnheit durchkommen willst, dann mußt du nur einen Tag länger *dabeibleiben*. Denn am 21. Tag mag dein Verstand nicht mehr und entläßt die neue Gewohnheit ins Unterbewußtsein, wo sie fortan automatisch ohne dein Zutun ausgeführt wird.

Belohne dich in den ersten 21 Tagen überschwenglich für jeden Tag, den du standhaft geblieben bist. Zeige der neuen Gewohnheit, daß sie dir von Herzen willkommen ist. Lade deine neue Gewohnheit ein zu verweilen.

Und du wirst sehen, sie wird bleiben.

Quintessenz der 3. Regel:

Beherzige das 21-Tage-Phänomen

1. Jede Gewohnheit ist automatisiertes (an dein Unterbewußtsein delegiertes) Tun.

2. Eine neue Gewohnheit nimmst du an, wenn du die gewünschte Verhaltensweise mindestens 21 Tage lang bewußt ausführst.

3. Nach 21 Tagen erlahmt die Widerstandskraft der alten Gewohnheit allmählich; sie „gibt auf", weil ihre Beharrungskräfte, je langer, desto mehr aufgezehrt werden.

4. Je freudiger du die neue Gewohnheit begrüßt, desto sicherer hast du Erfolg.

5. Beginne mit dem ersten Schritt hin zu deiner neuen Gewohnheit innerhalb von 72 Stunden (siehe **Regel 31**). Sonst meint dein Unterbewußtsein, die Angelegenheit sei dir nicht wichtig genug, und es kümmert sich um andere, wichtigere Sachen (z. B. um deine alte, bisherige Gewohnheit).

4. Regel: Es kann immer nur einen Ersten geben

Der Platz an der Spitze ist immer einmalig. Er kann immer nur von einem Einzigen besetzt werden, ganz gleich in welchem Zusammenhang. Der Erste nimmt 96 Prozent des Ruhms mit nach Hause, die restlichen vier Prozent verteilen sich auf die anderen. Wenn du dir also ein Arbeitsgebiet aussuchst, vermeide es infolgedessen, jemanden oder ein Verfahren einfach zu kopieren. Du kannst damit bestenfalls nur der Zweite werden. Sogenannte *me-too*-Strategien führen nur dorthin, wo vordem schon mindestens ein anderer war. Wer nur auf ausgetretenen Pfaden wandelt, hinterläßt keine eigenen Spuren.

Die Redensart „besser im Dorf der Erste als in der Stadt der Zweite" meint dasselbe. Es ist seltsam, aber wahr: Der beste Fußballspieler oder Billardkünstler eines Dorfes genießt ein höheres Ansehen als der zweitbeste der nächsten Stadt. Der Dorfbürgermeister hat einen höheren sozialen Stellenwert als der stellvertretende Bürgermeister einer Großstadt. Der eine ist der Erste, der andere (immer nur) der Zweite.

Beim Sport ist es noch dramatischer: Der Läufer mit der Silbermedaille ist vielleicht nur um ein paar hundertstel Sekunden langsamer, aber die Millionenwerbeaufträge bekommt der nur um einen Lidschlag schnellere Erste. Wenn du also die Wahl hast zwischen zwei Arbeits- oder Tätigkeitsbereichen, so suche dir denjenigen aus, in dem sich noch nicht so viele (noch besser: gar keine) tummeln. Hier ist es leichter, der Erste im wesentlich kleineren Karpfenteich zu werden. Gegebenenfalls lege deinen eigenen Karpfenteich an. Je kleiner das von dir erwählte Aufgabengebiet ist, desto eher fällst du auf. Ein Beispiel: Angenommen, du bist Handwerker, sagen wir ein Bäckermeister. Willst du jetzt der Beste unter den 42 Bäckermeistern deiner Stadt werden, dann wirst du für dieses Ziel sehr lange brauchen. Zufälligerweise aber hast du eine Freundin, die jedes Jahr nach Mittelamerika fliegt und dort alte Maya-Rezepte sammelt. Ein paar davon probierst du aus, und versuchsweise bietest du deinen Kunden Tekuan-Brot nach originalen Maya-Rezepten an. Fortan kannst du dich rühmen, der erste und einzige Maya-Bäcker in eurer Gemeinde zu sein. Auch wenn jetzt alle anderen nachziehen, du bist und bleibst der erste.

Dieses Prinzip kannst du auf alle Lebensbereiche übertragen. Suche dir ein Gebiet aus – je kleiner, desto besser – und werde dort die Nummer eins. Je kleiner dein Gebiet ist, desto einfacher ist es. Ein weiterer Effekt stellt sich merkwürdigerweise gleich mit ein. *Bist* du erst einmal der Erste, dann unterstellt dir die Masse der Menschen automatisch eine gleich hohe Kompetenz in nahezu jedem anderen Gebiet. Dein Ansehen steigt, nur weil du in irgendeinem Gebiet nachweislich der Erste bist. Verrückt? Vielleicht. Wie aber findest du so ein Gebiet? Eine schwere Frage? Nun, es ist viel schwerer, einen Menschen zu finden, der *nicht* bereits längst absolut einsame Spitze *ist*. Nur weiß er es oft nicht. Wie das?

Das hat mit unserer Einmaligkeit zu tun. Keine zwei Menschen haben jemals dieselben Erfahrungen, Hintergründe, Schulbildungen, Freunde usw. Jeder Mensch vereinigt in sich daher eine absolut einmalige Kombination aus Wissen, Fähigkeiten, Können, Talenten, Begabungen, Kontakten, Sichtweisen, Einstellungen und anderem mehr in sich. Diese einmalige Kombination nun macht einen jeden und eine jede von uns zu einmaligen Spitzenleistungen fähig.

Kein anderer Mensch wird jemals in der Lage sein, so zu denken, zu fühlen, zu handeln, zu interpretieren oder was auch immer wie ausschließlich du allein. Finde also heraus, welche deiner Kombinationen seltener sind. Manchmal genügt es schon, eine unübliche Erfahrung aus dem privaten Umfeld mit einer seltenen Erfahrung im Beruf zu kombinieren, um etwas völlig Neues zu generieren. Wenn andere anfangen, dein Treiben als Schwachsinn oder Unfug abzuqualifizieren, dann bist du wahrscheinlich auf dem richtigen Weg. Sei ver-rückt. Rücke dich selbst aus der Masse heraus.

Denke darüber nach: Was ist in dir längst angelegt und wartet darauf, daß du es auf neue Weise verknüpfst?

Quintessenz der 4. Regel:

Es kann immer nur einen Ersten geben

1. Sei originell meint: Sei ein Original, keine Kopie. Es meint auch: Sei der Erste. Du kannst jedes Neuland nur einmal entdecken. Sorge dafür, daß dein Name das Prädikat des „Ersten" erhält. (Kennst du den Namen des Astronauten, der nach Neil Armstrong als zweiter den Mond betreten hat?*

2. Sieh dir genau an, wie es andere machen, die bereits Erfolg haben. Lerne von ihnen, damit du ihre Fehler nicht gleichfalls begehen mußt. Und dann – verbessere es!

3. Verknüpfe zwei (oder mehr) deiner Eigenschaften und/oder Neigungen zu etwas Besonderem und Einmaligem.

4. Alles, was du dafür brauchst, ist längst in dir. Deine Wünsche sind die Vorboten deiner Absichten. Deine Vision ist das Ergebnis deines ganz besonderen Blickwinkels, den niemand anders als du allein einnehmen kann.

5. Da du selbst absolut einmalig bist, hast du auch die Fähigkeit, etwas Einmaliges zu leisten.

---

* es war Edwin Eugene „Buzz" Aldrin, am 20.07.1969

5. Regel: Es gibt immer eine Lösung

Dieser Satz bringt dich vielleicht zur Weißglut, besonders, wenn du gerade ein schier unlösbares Problem wälzt, es bewältigen mußt und eine Lösung nirgendwo in Sichtweite scheint. Du suchst und suchst schon seit Stunden oder Tagen, zermarterst dir das Hirn – aber dir fällt beim besten Willen keine Lösung ein.

Nun, das mag so sein. Aber heißt das zugleich auch, daß es keine Lösung gibt? Nein. Es heißt doch nur: Zu *diesem* Zeitpunkt siehst du den Weg zur Lösung noch nicht.

Wir leben in einer Welt von Gegensatzpaaren. Jeder Pol hat seinen Gegenpol: männlich-weiblich, hoch-tief, teuer-billig – die Aufzählung ist nahezu endlos. Dabei ist wichtig: Wir können unsere Welt nur begreifen, indem wir uns den Unterschied zum Gegenpol klarmachen. Du könntest heiß nicht von kalt unterscheiden, wüßtest du nicht um den Unterschied. Dunkel wäre für dich ein unverständliches Konzept, würdest du die Helligkeit nicht kennen. Daraus läßt sich ableiten: Du kannst ein Problem erst dann als ein solches *überhaupt* erkennen, wenn dir im Prinzip auch die Lösung vertraut ist. Oder anders ausgedrückt: ohne Lösung gäbe es gar kein Problem.

Lösung und Problem bilden – wie jedes andere Gegensatzpaar auch – immer eine untrennbare Einheit. Ein weiser Satz sagt zu recht: „Bei jedem Problem ist im Kern die Lösung verborgen".

Der Umkehrschluß gilt auch. Wenn du eine Lösung dein eigen nennst, muß es dafür auch irgendwo ein Problem geben. Und hinter jedem Problem stehen Menschen, die es haben.

Lösen kommt von Loslassen. Dies zeigt gut das Beispiel von der indischen Affenfalle. Ein hohler, gut befestigter Gegenstand – ein Kürbis, eine Kokosnuß – erhält eine Öffnung, in die der Affe gerade soeben seine Hand hineinstecken kann. Im Inneren liegen Kichererbsen. Ergreift nun der Affe die Beute im Inneren, so wird seine Faust samt seiner Beute zu breit; sie paßt nicht mehr durch das Loch. Interessant ist nun, daß nahezu alle Affen für dieses Problem keine Lösung finden. Sie bleiben in der Falle gefangen, in der sie nur ihre Unfähigkeit festhält, die einmal ergatterte Beute wieder freizugeben. Dabei ist die Lösung hier wortwörtlich das Loslassen. Auch das Zulassen ist eine Form des Loslassens. Wenn ich etwas Neues ZU-mir-LASSE, öffne ich vordem verschlossene Türen.

Ein weiteres Sprichwort sagt: „Wenn du dein Problem losläßt, hast du beide Hände zu seiner Lösung frei." Also lasse los, wenn du nicht weiterkommst.

In der deutschen Sprache ist das *Los* ein anderer Ausdruck für *Schicksal*. Wir lassen das Los entscheiden, haben im Leben ein gutes (oder ein schlechtes Los), kaufen uns Lotterie-Lose und hoffen so auf ein günstiges Schicksal. Wenn wir lernen loszulassen, beeinflussen wir unser Schicksal viel stärker, als wir allgemein annehmen. Solange wir festhalten, geschieht nichts; eine Veränderung wird durch unser Festhalten wirksam verhindert. Leben aber heißt fließen. *Panta rhei – alles fließt!* sagten die alten Griechen. „Wenn Leben tatsächlich 'fließen' bedeutet, dann ist es klar, daß Festhalten zum Tod führt, oder nicht?" fragt René Egli in seinem empfehlenswerten Buch DAS LOL[2]A-PRINZIP.

Wann immer wir den Fluß der Dinge aufzuhalten versuchen, verursachen wir einen Stau, dessen immer größer werdende Kraft sich grundsätzlich gegen uns selbst richtet. Darum prüfe, ob du nicht durch Loslassen die Dinge wieder in den Fluß bringen kannst. Es gibt viele Arten von Festhalten. Manche halten „ewig" an Verstorbenen fest; andere an überholten Ideen oder Technologien; wieder andere klammern sich an alten Programmen fest, an Beziehungen, an Feinden, an Orten, an Problemen und nicht zuletzt an Ängsten und Krankheiten – die Auswahl ist schier endlos. Darum lasse los.

Es ist so einfach. Löse dich. Tritt ein paar Schritte zurück, nimm einen anderen Standpunkt ein, wechsle deinen Blickwinkel – sowohl mental als auch räumlich. Bekämpfe das Problem nicht, indem du dich ihm entgegenstemmst. Damit drückst du nur gegen eine Wand, die dir mit derselben Kraft entgegendrückt. Das ist Elementarphysik.

Stell dich statt dessen an die Seite des Problems, blicke mit ihm in die gleiche Richtung – und du wirst sehen.

Quintessenz der 5. Regel:

Es gibt immer eine Lösung

1. Du kannst ein Problem immer lösen, indem du dich vom Problem löst. Sei ein Teil der Lösung und nicht ein Teil des Problems.

2. Jeder Pol ist nur über seinen Gegenpol erreichbar. Darum ist in jedem Problem im Kern seine Lösung verborgen. Suche gewissenhaft, und du findest sie.

3. Du könntest ein Problem überhaupt nicht erkennen, gäbe es dafür nicht auch eine ideale Lösung, die du ebenfalls kennst. Was du *mög*licherweise noch nicht kennst, ist der Weg zur Lösung. Was nur heißt, du *magst* den Weg zur Lösung noch nicht. Deshalb ziehst du ihn auch noch nicht *mag*netisch an. VerMÖGen kommt von MÖGen.

4. Lösen kommt von Loslassen. So wie jede Kraft eine gleich große Gegenkraft erzeugt, reduziert jedes Loslassen diese Gegenkraft im selben Maße.

5. Du hast nur deswegen ein Problem, weil du in der Lage bist, es zu lösen. Ein Regenwurm hätte deine Probleme nicht, weil er gar nicht in der Lage wäre, sie zu erkennen (und zu lösen). Daraus folgt: Du bist in der Lage, dein Problem zu lösen, weil du es hast, es als solches erkennen kannst.

6. Regel: Das, worauf du deine Aufmerksamkeit richtest, wächst

Wie alle Regeln kannst du auch diese leicht ausprobieren. Schaffe dir zwei Blumen der selben Art und Größe an. Stelle die eine, sagen wir, links in dein Wohnzimmerfenster, die andere rechts. Beide bekommen stets die gleiche Menge an Wasser, Dünger und Licht. Der Unterschied liegt in der Aufmerksamkeit. Suche dir eine Pflanze aus und zeige ihr deine Aufmerksamkeit. Streichle sie, rede mit ihr, oder setze dich einfach zu ihr und denke lediglich in ihre Richtung, wie schön sie ist, wie gut sie wächst, wie kräftig ihr Blätter sind, und so weiter. Die andere Pflanze „strafst" du mit Nichtbeachtung. Sie bekommt lediglich ihr Wasser.

Übrigens: auch wenn du dir albern dabei vorkommst, mit einer Pflanze zu reden, so ist es nicht albern. Pflanzen sind Lebewesen, die sehr wohl für diese Dinge empfänglich sind. Darüber gibt es ernsthafte Untersuchungen, die z. B. beweisen, daß Pflanzen einen Menschen wiedererkennen können, der sie einmal geschädigt hat (Peter Tompkins/Christopher Bird: DAS GEHEIME LEBEN DER PFLANZEN, siehe Literaturverzeichnis).

Verhalte dich wie beschrieben, und du wirst verblüfft feststellen: Die Pflanze, der du deine Aufmerksamkeit geschenkt hast, wächst, blüht und gedeiht, die andere dagegen kümmert mehr oder weniger vor sich hin. Daraus kannst du ableiten: Was immer du zum Wachsen bringen oder verändern willst, richte deine Aufmerksamkeit darauf, und es beginnt unweigerlich zu wachsen. (Und bitte: Errette rechtzeitig deine zweite Pflanze und behandle sie ab jetzt ebenso liebevoll; sie wird es dir viele Jahre danken).

Möchtest du einen athletischen Körperbau haben? Richte deine Aufmerksamkeit auf deine Muskeln, und sie werden wachsen. Hier heißt aufmerksam sein, sich mit deinen Muskeln zu beschäftigen, sprich: sie zu benutzen und positiv von ihnen zu denken. Ein englischer Arzt hat an seinen Patientinnen Brustvergrößerungen im Durchschnitt von 3 Zentimetern allein durch *mentales Training* erreicht, also durch gebündelte Aufmerksamkeit. Wohlgemerkt: keine Operation; nur gezieltes Denken setzte er ein.

Wenn dein Vermögen wachsen soll, schenke dem, was du bereits hast, mehr Aufmerksamkeit. Wenn dein Vermögen sich verkleinern soll, schenke deinen Schulden mehr Aufmerksamkeit. Wenn dein Freundeskreis sich vergrößern soll, schenke deinen Freunden mehr Aufmerksamkeit. Wenn dein Gedächtnis sich verbessern soll, schenke deiner Merkfähigkeit mehr Aufmerksamkeit. Wenn deine Stärken sich weiter verbessern sollen, schenke deinen Stärken mehr Aufmerksamkeit. Oder umgekehrt: Wenn deine Schwächen wachsen sollen, schenke deinen Schwächen mehr Aufmerksamkeit. Es liegt bei dir.

Ein junger Schüler fragte einst seinen Meister, was denn das wichtigste im Leben sei. „Aufmerksamkeit", erwiderte der Meister. „Vielen Dank", sagte darauf der Schüler. „Und was ist das zweitwichtigste?" „Aufmerksamkeit", antwortete der Meister:

Richte deine Aufmerksamkeit auf deinen Körper, besonders, wenn du argwöhnst, daß irgend etwas mit ihm nicht stimmt. Achte auf jedes Zwicken und jedes Geräusch, auf jedes Zipperlein und jede Schwankung in deinem Befinden. Schon bald wirst du feststellen, daß du dort, wo vorher nur ein Zwicken war, nun echte Schmerzen verspürst. Konzentriere dich weiter, achte aufmerksam auf jedes Herannahen des Schmerzes, und du wirst schon bald ernsthaft erkranken. Nun beschäftige dich weiter so intensiv mit deiner Krankheit, wie du nur kannst, rede mit jedermann darüber, und du wirst nicht lange brauchen, um schwerkrank zu werden.

Jetzt kommen unweigerlich Gedanken an den Tod hinzu, und wenn du dich nur aufmerksam genug mit ihnen beschäftigst, dann wird es gar nicht mal so lange dauern, bis dein Bett im Krankenhaus wieder frei ist. Du kannst dich buchstäblich zu Tode denken, wenn du willst. Wenn du denkst und glaubst, daß du sterben mußt, wirst du unweigerlich sterben.

Alles, worauf du deine Aufmerksamkeit richtest, wächst. Immer. Im Negativen ebenso wie im Positiven. Es ist, als sei deine Aufmerksamkeit eine Art von Brennglas, durch die sich die Wirkung des Gedachten verdichtet wie das Licht bei einer echten Linse.

Energien *konzentrieren* sich dort, wohin du deine Aufmerksamkeit lenkst, und unter dem Einfluß dieser Energien beginnt der Prozeß des Wachsens ganz von allein. Und das Schöne ist: du kannst dich frei entscheiden, worauf du deine Aufmerksamkeit richten willst.

Quintessenz der 6. Regel:

Das, worauf du deine Aufmerksamkeit richtest, wächst

1. Richtest du deine Aufmerksamkeit auf etwas, wirkst du wie ein Brennglas auf die Energien deiner Umgebung. Sie konzentrieren und bündeln sich in einem Punkt, auf den du achtest, auf den du deine Aufmerksamkeit lenkst.

2. Konzentrierte Energien sorgen stets für Wachstum im weitesten Sinn, für Zunahme an Größe und Stärke.

3. Aufmerksamkeit ist weder positiv noch negativ; sie ist neutral. Ob du sie auf etwas Negatives oder Positives richtest, ist gleich gültig. Beides wird wachsen, wenn du als Linse fungierst.

4. Du hast die Wahl, worauf du aufmerksam bist.

5. Ignorieren ist nicht das Gegenteil von Aufmerksamkeit, sondern absolut das gleiche. Ignorieren ist Aufmerksamkeit schenken. Wenn du jemanden ignorierst, konzentrierst du dich darauf, ihn nicht wahrzunehmen. Da dein Unterbewußtsein Verneinungen nicht versteht, nimmst du nun den zu Ignorierenden besonders intensiv wahr. Indem du ihn ignorierst, schenkst du ihm stets Aufmerksamkeit. Es ist dasselbe, als wolltest du *nicht* an einen rosafarbenen Elefanten denken. (Na, woran denkst du jetzt?)

7. Regel: Alles in der Natur ist sinnvoll geordnet

Wir denken nicht allzu oft darüber nach, aber es ist so: Wirklich alles in der Natur (im Universum) ist sinnvoll geordnet, hat seinen ihm zustehenden Platz, seine ihm zustehende Funktion. Frühere Denker wie Isaac Newton haben daraus den Begriff von der großen universellen Maschine geprägt, haben ein maschinelles Weltbild entworfen. Wie wir wissen, ist das mit Sicherheit falsch. Das Universum, die Natur ist gewiß keine Maschine, sondern alles deutet darauf hin, daß wir es mit einem *bewußten Universum* zu tun haben (Goswami, DAS BEWUSSTE UNIVERSUM, siehe Literaturliste).

Die Natur verschwendet nicht. Energie kann nicht verlorengehen; sie wird immer nur umgewandelt. Alles in der Natur ist in Kreisläufen angelegt, im ewigen Kreislauf von Geburt, Wachstum, Verfall und Tod. Alles scheint sich in Zyklen abzuspielen, und jedes noch so kleine Element hat seinen tiefen Sinn und seine Existenzberechtigung. Das Gegenteil von sinnlos ist *sinnvoll*. Wenn etwas sinnvoll ist, dann ist dahinter immer eine Absicht die treibende Kraft.

Wenn die Natur nichts verschwendet, dann kann auch deine Existenz nicht zufällig, sondern muß absichtsvoll sein. Dann ist deine jetzige Existenz, dein Jetzt-und-Hier-Sein – manche sagen: deine jetzige Inkarnation – mit einem tieferen Sinn bedacht. Welcher mag das sein? Biologen sagen, der tiefere Sinn deines Menschseins sei deine Fortpflanzungsfähigkeit und diene der Arterhaltung. Aber brauchst du dazu Bewußtsein?

Ein schöner Gedanke ist der: Mit bewußten Lebewesen wie dem Menschen schaut das Universum – von dem manche Wissenschaftler inzwischen annehmen, es sei ebenfalls bewußt – gleichsam auf sich selbst. Mit dir betrachtet sich das Universum durch deine Augen. Warum nun hat es dich gerade an diese Stelle in Raum und Zeit geschickt? Was sollen *deine Augen* in diesem, deinem Leben *sehen?* Welche Ab*sicht* steckt hinter deiner Existenz?

Viele Menschen empfinden zu irgendeinem Zeitpunkt in ihrem Leben das *unbestimmte* Gefühl, daß sie etwas *Bestimmtes* mit ihrem Leben anfangen sollten. Aber in der Regel wissen sie nicht, was. Vielleicht ist es dir auch schon so ergangen, und du hast keine Antwort gefunden. Und ein unbehagliches Gefühl blieb in dir zurück. Und dann gibt es wieder Augenblicke, da haben wir das sichere Gefühl, genau an der richtigen Stelle angekommen zu sein, ohne daß wir sagen könnten, woher dieses sichere Gefühl denn eigentlich stammt.

Ich möchte dir einen Gedanken anbieten, der im Kern von James Redfield und aus seiner *Celestine*-Buchreihe stammt. Stell dir einmal vor, du selbst hättest mit diesem Leben eine gewisse Absicht verfolgt – noch ehe du geboren wurdest. Du selbst hättest dir vor deiner Geburt zurechtgelegt, was du mit dieser Existenz tun willst. Du hättest dir vor deiner Geburt deine Eltern ausgesucht und eine Art von roten Faden entworfen, wie dein Leben idealerweise ablaufen soll. Dann kamst du auf die Welt, und wie das bei diesen Durchgängen so ist, hast du prompt alle deine guten Absichten nahezu vergessen. Nur ein vages Gespür für richtig und falsch ist dir geblieben. Wohlgemerkt: was für dich richtig und falsch ist. Nun wächst du heran, und auf einmal fesseln dich bestimmte Themen; gewisse Menschen,

Orte und Dinge ziehen dich wie magisch an, und du findest dich immer wieder mit bestimmten Bedingungen konfrontiert. Lebst du entlang deines roten Fadens, empfindest du das als Glück; weichst du von deinem vorgezeichneten Kurs ab, hast du sofort ein ungutes Gefühl.

Und viele von uns leiden unter diesem unguten Gefühl, diesem *das kann doch nicht alles gewesen sein ...* Frage dich daher immer wieder: Was ist *deine* Lebensabsicht? Wie sieht deine Lebensaufgabe aus? Ich bin davon überzeugt – es gibt in unserem Leben keine wichtigere Frage als die Frage nach unserer Lebensaufgabe. Und es gibt keine wichtigere Aufgabe für uns als eben diese Aufgabe zu leben, sie mit Leben zu erfüllen. Die Natur verschwendet nicht. Sie ist absichtsvoll.

Wenn du hier bist, dann *hast* du auch eine Lebensaufgabe. Nur deswegen bist du hier. Sonst wäre deine Existenz sinnlos. Und das *wäre* Verschwendung, oder?

Quintessenz der 7. Regel:

Alles in der Natur ist sinnvoll geordnet

1. Die Natur (das Universum) verschwendet nicht. Jegliche Existenzform, ob lebende, unbelebte oder gewandelte Materie (= Energie) hat einen Sinn. Oft ist er verborgen. Ein SINN ist etwas, das dem S-elbst INN-ewohnt.

2. Damit hat auch deine Existenz einen Sinn (sonst gäbe es dich nicht). Dieser Sinn geht weit über die bloße Arterhaltung hinaus; dafür bräuchtest du kein Bewußtsein. Das heißt, du hast eine bestimmte Aufgabe (deine Lebensaufgabe) zu erfüllen. Deswegen bist du hier.

3. Du kannst nur dann wirklich glücklich werden (deine Erfüllung finden), wenn du dir zwei Fragen stellst und sie dir beantwortest:
   - Was ist meine Lebensaufgabe?
   - Wie kann ich sie leben (sie erreichen und ihr nachgehen)?

4. Damit gibt es in deinem Leben nur zwei wirklich wichtige Forderungen:
   - **Finde** deine Lebensaufgabe!
   - **Erfülle** deine Lebensaufgabe!

Alle anderen Wege, die du einschlägst, lassen dich unerfüllt zurück. Erfüllung findest du nur in der Erfüllung deiner Lebensaufgabe.

8. Regel: Alles, was du tust, machst du aus einem einzigen Grund

Das kann doch nicht sein, höre ich dich förmlich protestieren. Ich habe so viele Interessen, Verpflichtungen, ich habe tausendfache Gründe, warum ich etwas tue oder nicht.

Auf den ersten Blick – vielleicht. Schaust du aber einmal tiefer auf deine Beweggründe, dann erkennst du schnell: es gibt immer zwei Hauptmotive, die über allen anderen schweben, die dich im Kern handeln lassen. Der eine ist, *Schmerz zu vermeiden*, der andere ist, *Freude zu vermehren*. Stell dir Schmerz und Freude als die zwei Endpunkte einer Geraden dar, und du selbst befindest dich irgendwo auf dieser Geraden. Alles, was du tust, dient entweder dazu, dich von dem Endpunkt Schmerz zu entfernen, oder dazu, dich dem Endpunkt Freude näher zu bringen. Und nun erkennst du schon: Es ist beides Mal dieselbe Bewegung. Weg vom Schmerz ist immer eine Bewegung hin zur Freude. Mit Schmerz meine ich alles, was an negativen Erfahrungen dich betreffen könnte: körperlicher und seelischer Schmerz, aber auch Abstufungen davon: Unbehagen, Unwohlsein, Unbefriedigtsein, Nervosität, Einsamkeit, Frustration – bis hin zur Todesangst. Und mit Freude meine ich ebenfalls alles, was an positiven Erfahrungen dich betreffen könnte: körperliche Lust und seelisches Glück, und die Abstufungen davon: Gesundheit, Befriedigung, angenehmes Zusammensein mit anderen, Anregung, Anerkennung – bis hin zum Ausdruck höchsten Seins, der Liebe.

Es ist wie bei einem großen Magnetfeld. Der negative Pol, der Schmerz, stößt dich ab; und der positive Pol, die Freude, zieht dich an. Das ist eine Art eingebaute Kompaßnadel, mit der du alle deine Handlungen und Bestrebungen in deinem Leben ausrichtest. Daß du diese Regeln liest, zum Beispiel, hat damit zu tun, daß du dich dem Pol *Freude* (hier: ein erfülltes Leben mit Gesundheit, Wohlstand, Glück und Erfolg) näherst und dich vom anderen Pol *Schmerz* (hier vielleicht: der Arbeitslosigkeit, den Schulden, der Einsamkeit, der Krankheit) entfernen möchtest. Alles, was du tust, machst du aus diesem einen Grund.

Interessant dabei ist, und das vergessen wir oft: auch alle anderen Menschen handeln – oder handeln nicht – aus dem gleichen Beweggrund. Willst du Erfolg in dein Leben ziehen, dann hilf anderen, ihrem positiven Pol *Freude* ein wenig näher zu kommen. ER-FOLG definiere ich als FOLGe von ER-Eignissen. Und in dem Wort „Eignis" steckt das Wort *eigen*.

Für mich heißt das: das, was in dir ist, was dir *eigen* ist, das nimm und gib es anderen. Hilf ihnen damit, ihrem positiven Pol näherzukommen. Das kann dein Wissen sein, bestimmte Fähigkeiten, deine Liebe, deine Stimme, deine größte Stärke, ja, und auch dein Geld. Lasse andere daran teilhaben, und die FOLG-e dieses ER-Eignisses ist dein persönlicher Erfolg. Das ist gemeint, wenn in der Bibel steht: „Geben ist seliger denn nehmen". Erfolgreiche Unternehmer wissen – sie müssen investieren, also von ihrem Kapital etwas hergeben, damit mehr zu ihnen zurückfließt. Dauerhaft Erfolgreiche geben regelmäßig einen bestimmten Betrag ihres Einkommens ab für wohltätige Zwecke – meist um die 10 Prozent. Und soviel mehr fließt zu ihnen zurück.

Gute Verkäufer wissen – nicht einer ihrer Kunden interessiert sich wirklich für ihr Produkt. Kunden kaufen Waren, damit sie ihrem positiven Pol *Freude* näherkommen (und sich damit ein Stück vom negativen Pol *Schmerz* entfernen). Nur darum. Menschen gehen in die Fitness-Studios, weil sie gesünder oder attraktiver werden wollen, und nicht, weil sie die Fitnessgeräte so toll finden. Wenn du jemanden überzeugen willst – von einer Idee, von einer Leistung –, erzähle ihm und ihr nie, wie gut dein Produkt oder deine Idee ist. Erzähle ihnen dafür, wie sie damit mehr Freude im Leben haben können, und sie werden dir folgen. Das ist das ganze Geheimnis geschäftlichen ER-FOLGes.

Aus der Physik wissen wir: Wenn sich Elektronen in einem Magnetfeld bewegen, entsteht Strom, es beginnt Energie zu wirken. Wenn du dich (als Ansammlung von Elektronen) in diesem Magnetfeld zwischen Freude und Schmerz bewegst, setzt auch du Energie frei, Kräfte, die dir zur Verfügung stehen, um mit dieser Energie andere anzuregen. Je mehr du von dir gibst, desto mehr erhältst du zurück.

Quintessenz der 8. Regel:

Alles, was du tust, machst du aus einem einzigen Grund

1. Du (und mit dir alle anderen Menschen) streben fort vom Schmerz und hin zur Freude.

2. Alles, was du tust (und auch das Lassen ist ein Tun), machst du, um dich entweder vom Schmerz fort oder zur Freude hin zu bewegen. All deine Sehnsüchte und Ängste kreisen zwischen diesen beiden Polen. Es gibt keinen anderen Beweggrund.

3. Wenn du anderen Menschen dabei hilfst, daß sie fort vom Schmerz oder hin zur Freude gelangen können, werden sie dich dabei unterstützen. Zeige ihnen den Weg, und sie werden mit dir gehen.

4. Alle Produkte und Dienstleistungen werden nur gekauft, weil wir die Hoffnung daran knüpfen, daß sie uns fort vom Schmerz und hin zur Freude bringen werden.

5. Schmerz und Freude sind individuelle Definitionen. Was für den einen schon schmerzvoll ist, bedeutet für den anderen vielleicht einen großen Schritt in Richtung Freude. Die Begriffe sind nicht absolut; es gibt etliche Abstufungen.

9. Regel: Sprich immer nur gut über andere

Dein Unterbewußtsein kennt meiner Ansicht nach neun Grundbefehle, die unumstößlich, sozusagen „fest eingebaut" sind und nach denen es sich in allen Lebenslagen richtet. (Alle neun Grundbefehle findest du im Anhang auf Seite 208).

Einer dieser Grundbefehle lautet: *Es gibt keinen Unterschied zwischen innen und außen.* Damit ist deinem Unterbewußtsein – anders als deinem Bewußtsein – die Fähigkeit genommen, andere als von dir *getrennt* zu begreifen und zu erleben. Wenn du über andere sprichst, meint dein Unterbewußtsein immer, du sprichst über dich. Es weiß gar nicht, daß da draußen *andere* sind. Wenn du über andere negativ redest, meint es, du redest von dir. Wenn du gut von ihnen denkst, meint es, du denkst gut von dir. Es kann nicht zwischen dir und anderen unterscheiden. Das gilt für Gedanken und Worte, denn Worte sind nur gesprochene Gedanken.

Wenn du dich über andere beklagst, beklagst du dich deswegen – für dein Unterbewußtsein – über *dich.* Und es wird reagieren. Indem es Hormone ausschütten läßt, die dir eine negative Stimmung einbringen. Wenn du mit anderen streitest, streitest du – für dein Unterbewußtsein – mit dir selbst. Die Folge: du fühlst dich wenig später ziemlich schlecht. Wenn du andere zur Rede stellst, weil sie gelogen, falsch reagiert, dich beleidigt haben, dann meint dein Unterbewußtsein, du hättest dich angelogen, du hättest dir gegenüber falsch reagiert, du hättest dich selbst beleidigt. Und es wird dein limbisches System (das ist der Ort in deinem

Gehirn, an dem deine Gefühle erzeugt werden) anweisen, die entsprechenden schlechten Gefühle zu produzieren. Selbst wenn du nur *in Gedanken* über jemanden fluchst, weil er dir vielleicht die Vorfahrt genommen hat, dann meint dein Unterbewußtsein, du bist auf dich selbst so sauer; es unterstellt dir, du willst jetzt diese negativen Gefühle haben, und deine gute Laune verkehrt sich sofort in ihr Gegenteil. *Es gibt keinen Unterschied zwischen innen und außen.*

Umgekehrt gilt das gleiche. Denkst du freundlich über jemanden, ist deinem Unterbewußtsein sofort klar, wen du meinst: natürlich dich selbst. Lobst du jemanden, heißt das – für dein Unterbewußtsein – du lobst dich selbst. Bist du verliebt, freut sich dein Unterbewußtsein mit dir, meint es doch, du bist in dich selbst verliebt. Und sofort bekommst du die wunderschönen Gefühle, die du offensichtlich haben willst. Völlig zu recht heißt es: du kannst nur dann von anderen akzeptiert und geliebt werden, wenn du dich selbst akzeptieren und lieben kannst.

Erinnerst du dich: Liebe deinen Nächsten wie dich selbst? Genau das ist damit gemeint – wenn du einen anderen Menschen liebst, „weiß" dein Unterbewußtsein, wen du damit nur – und ausschließlich – meinen kannst: dich selbst. Du tust dir also selbst den größten Gefallen, wenn du ab heute beschließt, nur noch gut über andere zu sprechen. Ich möchte dir hierzu ein Experiment vorschlagen.

Nutze dafür die **3. Regel** *(Beherzige das 21-Tage-Phänomen)* und wünsche einmal 21 Tage lang jedem Menschen, wirklich jedem, mit dem du beruflich und privat zusammentriffst, etwas Gutes. Nur in Gedanken. Wünsche ihm Glück, Freude und Lebenslust. Wünsche ihm Gesundheit, Erfolg, Anerkennung. Oder Liebe.

Oder nimm „nur" den altbekannten Satz, der so viel mehr ist als ein bloßer, frommer Spruch: Friede sei mit dir. Friede hat nichts mit Religion zu tun. Es ist die Abwesenheit von Kampf und Tod. Es ist der Wunsch nach Leben. Es gibt daher keinen schöneren Wunsch. Dieser Satz wirkt besonders dann sehr stark, wenn du doch einmal in einen Streit gerätst. Anstatt zu streiten, wiederhole dann in Gedanken immer nur: Friede sei mit dir. Du wirst verblüfft sein über die Wirkung.

Halte das die 21 Tage lang durch. Selbst wenn du am Tag nur etwa 30 Menschen begegnest, sind das in 21 Tagen rund 630 positive Gedanken. Und jedesmal meint dein Unterbewußtsein, du sprichst von dir. Und es meint, offenbar gibt es einen Grund, daß du so positiv von dir denkst. Und es wird dir die entsprechenden positiven Gefühle geben. Du fühlst dich sofort besser. Nach 21 Tagen hat sich deine persönliche Ausstrahlung schon so sehr ins Positive verändert, daß andere Menschen dies verwundert bemerken werden. Dein Ansehen wird wachsen, nur weil *du* begonnen hast, die anderen anders anzusehen.

Quintessenz der 9. Regel:

Sprich immer nur gut über andere

1. Für dein Unterbewußtsein gibt es keinen Unterschied zwischen innen und außen. Es will dir optimal dienen, es diskutiert nicht, ob du richtig oder falsch denkst. Es reagiert auf die Bilder, die in dir entstehen, mit den ihm schnellstmöglichen Schritten zu ihrer Realisierung.

2. Was du sagst oder denkst, bezieht dein Unterbewußtsein deswegen immer nur auf dich. Du kannst nicht reden oder denken, ohne daß Bilder in dir entstehen, auf die dein Unterbewußtsein prompt reagiert. Die schnellste mögliche Reaktion sind die Gefühle, die du unmittelbar nach entsprechenden Gedanken erlebst.

3. Achte stets auf die Begriffe, in denen du denkst und sprichst. Jammerst du viel, wirst du dich jammervoll fühlen. Freust du dich viel, wirst du dich freudvoll fühlen.

4. Nach negativen Gedanken fühlst du dich sogleich (nach wenigen Minuten) schlechter. Nach positiven Gedanken fühlst du dich alsbald besser. Gedanken sind für dein Unterbewußtsein Anweisungen. Es nimmt an, du willst dich schlechter fühlen, wenn du negativ denkst, also verschafft es dir entsprechende Gefühle. Es nimmt an, du willst dich besser fühlen, wenn du positiv denkst, also verschafft es dir entsprechende Gefühle. Du erntest, was du säst.

5. Anstatt zu streiten, wende ab heute die ultimative mentale Technik an. Denke intensiv „Friede sei mit dir!" in Richtung deines Angreifers und *meine* es auch so. Wiederhole den Satz in Gedanken, solange du willst. Vertraue darauf: der Erfolg setzt immer ein. Die beste Art und Weise, einen Krieg zu gewinnen, besteht darin, ihn nicht führen zu müssen.

10. Regel: **Wähle sorgfältig aus, was andere dir erzählen**

Diese Regel steht in direktem Zusammenhang mit der vorherigen.

Wenn andere dir von ihrem Schicksal berichten, dann hört und sieht dein Unterbewußtsein stets mit. Einer seiner Grundbefehle lautet, wie du weißt: *Es gibt keinen Unterschied zwischen innen und außen.* Dein Unterbewußtsein kann nicht zwischen dir und anderen unterscheiden.

Dies gilt für jede Situation. Und nun überlege einmal, wie häufig du dir die Klagen anderer anhörst, ihr Jammern vernimmst, ihren Mißmut erträgst, wie oft sie ihren Ärger bei dir abladen.

Dein Unterbewußtsein kennt nur einen Weg, solche Informationen zu verarbeiten. Da es andere nicht von dir unterscheiden kann, denkt es, all diese Klagen, dieser Jammer, dieser Ärger sei etwas, über das du selbst klagst, jammerst und dich ärgerst. Hast du dich schon einmal gut gefühlt, nachdem sich ein anderer bei dir beschwert hat? Wahrscheinlich nicht. Es ist dir vielmehr ein stückweit deine gute Laune abhanden gekommen. Beschweren heißt wörtlich, sich zusätzliche Lasten auferlegen, und wenn ein anderer sich bei dir über etwas beschwert, macht dein Unterbewußtsein es dir gleichfalls schwer – da es annimmt, du wolltest das so.

Es ist immer der gleiche Kaskadeneffekt. Du hörst dir den Ärger an; dein Unterbewußtsein nimmt an, die Rede sei von dir; in der Folge verschafft es dir über das limbische System die damit verknüpften negativen Gefühle, und am Ende fühlst du dich ebenso niedergeschlagen wie dein Gegenüber.

Wem ist damit geholfen?

Energetisch betrachtet sind Gedanken elektrische Impulse, die je nach ihrer Art unterschiedliche und unterschiedlich starke chemische Reaktionen, genannt Gefühle, auslösen. Dabei gewinnst du an Kraft, wenn du positive Gefühle erlebst, und du verlierst an Kraft, wenn du negative Gefühle empfindest. Der Kraftgewinn oder -verlust läßt sich bei jedem Menschen leicht nachmessen.*

Mit anderen Worten: jede Klage, jeder Bericht über das Dilemma eines anderen, jede schlechte Nachricht raubt dir einen Teil deiner Energie. Um diese Energie auszugleichen, mußt du Nahrung zu dir nehmen, etwas essen, das dir die verlorene Energie möglichst schnell wieder zurückgibt – vorzugsweise etwas Süßes. Das ist – unter anderem – der Grund, warum so viele unglückliche Menschen regelrechte „Essprogramme" entwickelt haben, um ihre Sorgen zu ertragen. Essen gibt uns Kraft, und für einen Moment fühlen wir uns besser. Achte auf deine Energie, in dem du sie nicht an negative Gefühle verschwendest, und du brauchst auch keinen Schokoriegel. Du siehst, viele Figurprobleme haben ihren wahren Ursprung in einer bestimmten Form von Gedankennahrung.

Darum wähle sorgfältig aus, was andere dir erzählen. Du hast das Recht, den anderen zu stoppen, wenn du merkst, daß er im Begriff ist, sich bei dir zu beklagen. Gib dem Gespräch lieber eine positive Wende. Rege dein Gegenüber an, darüber nachzudenken, wo etwa das Positive durchschimmert oder an welcher

---

* z.B. mit dem kinesiologischen Muskeltest oder mit sogenannten Tensoren. Heilpraktiker und ganzheitlich arbeitende Ärzte verwenden eine oder beide Methoden, um u.a. Veträglichkeiten von Medikamenten vor deren Einnahme zu überprüfen.

Stelle denn zumindest die Lehre verborgen ist, die er daraus ziehen kann. Es gibt in jeder Situation einen lehrreichen Aspekt.

Vermeide es, als „seelischer Mülleimer" mißbraucht zu werden. Das heißt nicht, daß du nicht helfen sollst, wenn du es vermagst. Ich rede hier nur von den Menschen, die einfach jemanden zujammern möchten. Es ist niemandem damit gedient, wenn am Ende des Gesprächs zwei Menschen stehen, die sich mies fühlen, wo vorher nur einer war. Mitleid haben oder zeigen heißt wörtlich „mit dem anderen leiden". Warum solltest du das wollen?

Hilf deinem Gesprächspartner oder deiner -partnerin, das Konstruktive und Erheiternde in der Situation zu sehen. Nur so hast du eine Chance, daß sich am Ende des Gesprächs zwei Menschen wohler fühlen als vorher. Sieh du das Licht dort, wo dein Gegenüber nur Schatten sieht, und dein Licht wird reichen, seine Schatten zu vertreiben. Denn auch die anderen Menschen haben ein Unterbewußtsein, und es funktioniert nach den gleichen Grundbefehlen. Sie hören deine Worte und meinen – sich selbst.

Quintessenz der 10. Regel:

Wähle sorgfältig aus, was andere dir erzählen

1. Für dein Unterbewußtsein gibt es keinen Unterschied zwischen innen und außen. Es will dir optimal dienen, es diskutiert nicht, ob du richtig oder falsch denkst. Es reagiert auf die Bilder, die in dir entstehen, mit den ihm schnellstmöglichen Schritten zu ihrer Realisierung.

2. Auch was du gesagt (und gezeigt) bekommst, bezieht dein Unterbewußtsein deswegen immer nur auf dich. Du kannst nicht zuhören, ohne zu denken, ohne daß Bilder in dir entstehen, auf die dein Unterbewußtsein prompt reagiert. Die schnellste mögliche Reaktion sind die Gefühle, die du unmittelbar nach entsprechenden Gedanken erlebst.

3. So wie du bestimmst, was du ißt, bestimme auch über die mentale Nahrung, die du dir zuführst. Verdorbene gegenständliche Nahrung führt zu körperlichem Unwohlsein; verdorbene mentale Nahrung führt zu geistigem Unwohlsein. (Mentale Nahrung sind alle Botschaften der Außenwelt und der Innenwelt: Gespräche, Reflexionen, Nachrichten, Bücher, Filme, Situationen, denen du dich aussetzt.)

4. Verdorbene Nahrung raubt dir Energie, die nun gebraucht wird, um deine Vergiftung zu heilen. Verdorbene mentale Nahrung raubt dir Energie, die nun gebraucht wird, um deine geistige Vergiftung zu heilen.

5. Zuhören ist gut, wenn du – z. B. durch Fragen – dem anderen Hilfestellung geben und ihn auf andere Gedanken bringen kannst. Zuhören ist schlecht, wenn du in das Klagelied des anderen mit einstimmst.

11. Regel: **Nutze das Gesetz der großen Zahl**

Diese Regel besagt im Kern, daß *einmal* im Prinzip keinmal bedeutet, *oftmal* aber sehr viel ist.

Nimm einmal an, aus irgendeinem Grund würdest du täglich regelmäßig zwölf Minuten mit einer bestimmten Tätigkeit verbringen. Zum Beispiel damit, ein Buch zu lesen, oder meinetwegen auch einfach damit, einfach nichts zu tun. Das sind dann in der Woche 60 Minuten, die Wochenenden nicht eingerechnet. Nehmen wir an, du machst das 44 Wochen im Jahr (sechs Wochen Urlaub und zwei Wochen krank sein ziehen wir ab), dann sind das immer noch 2.640 Minuten oder 44 Stunden im Jahr – also eine komplette Arbeitswoche –, die du damit verbringst. Bei nur 12 Minuten täglich.

Wie oft nimmst du an Meetings teil, die regelmäßig zu spät anfangen (oder länger dauern als angenommen)? Wie oft läßt du dich am Tag aus Höflichkeit – immer nur für wenige Minuten – stören? Wie häufig mußt du etwas suchen – immer nur für wenige Minuten –, weil deine Ordnungsliebe nicht ganz so stark ausgeprägt ist? Und wie oft sagst du dir, du hättest ach so wenig Zeit? Zähle deine *wenigen Minuten* einmal bewußt zusammen, und du wirst vielleicht sogar auf zwei oder gar drei Wochen kommen, die du mehr Zeit im Jahr hättest, wenn du sie nutzen würdest: für dich und deine Ziele.

Das Gesetz der großen Zahl sagt auch etwas über unsere Entscheidungen. Von zehn Entscheidungen sind durchschnittlich sechs richtig, und vier erweisen sich als falsch. Viele Menschen aber haben Angst, Entscheidungen zu treffen, weil sie sich vor den vier falschen Entscheidungen fürchten. Deshalb treffen sie möglichst wenige Entscheidungen, was bedeutet, daß sie von zehn unterlassenen Entscheidungen auch sechs richtige nicht getroffen haben. Du entscheidest dich aber im Jahr nicht nur zehnmal, sondern täglich ein Vielfaches davon. Oder solltest es zumindest tun. Gehörst du auch zu denen, die Entscheidungen lieber vor sich herschieben, weil ja auch ein paar falsche darunter sein könnten?

Nehmen wir an, du mußt durchschnittlich zehn Entscheidungen pro Tag treffen – beruflich und privat. Das sind dann im Jahr 3.650 Entscheidungen. Zwanzig Prozent davon triffst du lieber nicht, weil du Angst hast, unsicher bist, in dir die Zweifel nagen. Also bleiben 730 Entscheidungen auf der Strecke. Davon wieder sind 60 Prozent richtige, die du *nicht* getroffen hast. Das sind immerhin 438 Wege und Chancen, die du *nicht* gegangen bist – in nur einem einzigen Jahr.

Da das 6-zu-4-Verhältnis von richtigen zu falschen Entscheidungen auf fast jeden Menschen zutrifft, würdest du dich, wenn du dich nur häufig genug und schnell genug entscheiden könntest, allmählich und unaufhaltsam deinem Ziel und damit deiner Lebensaufgabe nähern. Nimm die vier falschen Wege, die du mit Sicherheit einschlägst, als Erfahrung, als Lernchance wahr, oder als Preis, den du für die sechs richtigen Wege, die du ebenso sicher einschlägst, entrichten mußt. Auf Dauer aber kannst du nur gewinnen. Bedenke: Um sechs richtige zu bekommen, mußt du nur zehn Entscheidungen treffen. Das hat Henry Ford gemeint, als er seinerzeit sagte: „Zeige mir einen Mann, der sich schnell entscheiden kann, und ich zeige dir einen erfolgreichen Mann."

Richtig dramatisch aber wird das *Gesetz der großen Zahl* bei Potenzierungen. Nimm an, dir gelingt es in diesem Jahr, vier

Menschen dauerhaft für die Anwendung der UNIVERSELLEN LEBENSSREGELN zu begeistern. Und zwar so sehr, daß auch diese Menschen wie du im kommenden Jahr wiederum vier Menschen dafür begeistern werden. Das sind im ersten Jahr fünf Personen, im zweiten Jahr 25, im dritten Jahr 125, im vierten Jahr 625 Personen. Rechnest du alle Jahre bisher zusammen, sind das bereits 780 Personen, die begeistert die LEBENSSRE-GELN anwenden. Und alles nur, weil du alle drei Monate einen Menschen überzeugst.

Würdest du jeden Monat zwei Menschen in dieser Weise begeistern, so daß auch diese wiederum zwei Menschen je Monat begeistern, die ihrerseits zwei begeistern, dann wären das im ersten Jahr zusammengerechnet 8.190 Personen. Und alles nur, weil du alle 14 Tage einem Menschen die UNIVERSELLEN LEBENSSREGELN zeigst und deiner Begeisterung Ausdruck verleihst.

Du siehst: Einmal ist keinmal, oftmal aber sehr viel.

Quintessenz der 11. Regel:

Nutze das Gesetz der großen Zahl

1. Steigere die Zahl deiner Versuche, und du steigerst die Zahl deiner Erfolge.

2. Von zehn Entscheidungen sind sechs im Schnitt richtig, vier davon sind falsch. Deshalb ist es immer erfolgreicher, eine Entscheidung zu treffen, als keine. Um sechs richtige zu bekommen, mußt du nur zehn Entscheidungen treffen, auch wenn darunter dann vier falsche sind.

3. Potenziere dich. Mit einem (geschenkten) Fisch kannst du einen Mann einen Tag ernähren. Zeigst du ihm, wie er eine Angel bauen und damit fischen kann, ernährst du ihn damit ein Leben lang. Gewinnst du ihn dafür, daß auch er anderen Hungernden das Geheimnis der Angel zeigt, und diese wiederum anderen, ernährst du so (bei gleichem Wissensstand) ein ganzes Volk. Auf diesem Prinzip basieren die erfolgreichsten Franchisesysteme der Welt.

4. Wichtig beim Potenzieren ist nicht das „Geheimnis der Angel", sondern die Fähigkeit, andere zum Mitmachen und Weiterreichen zu bewegen.

5. Vergrößere das Kleine, und verkleinere das Große. Machst du aus einem Großen viele kleine Teile, ist jedes Teil für sich handhabbar. Das ist das Prinzip von „teile und herrsche". Große Aufgaben kannst du spielend leicht bewältigen, wenn du daraus viele kleine Aufgaben machst.

12. Regel: Sei immer ein Verwerter

Die Begriffe *Wort* und *Wert* entstammen derselben indoeuropäischen Sprachwurzel, sie haben ursprünglich einmal dasselbe bedeutet. Unsere Worte drücken unsere Gedanken, also auch unsere inneren Werte aus. Unsere inneren Werte aber sind unsere Glaubenssätze und -systeme; sie sind das, was wir für wahr halten. Für wahr halten wir immer das, was wir für wahr nehmen, also das, was wir mit Hilfe unserer Sinne wahrnehmen. Dabei gilt stets die gleiche Abfolge:

1. Schritt: Du nimmst etwas wahr, zum Beispiel eine Rose. Du siehst sie, du riechst sie, du fühlst sie. Die Rose ist da, ohne Zweifel, für dich ist es wahr: Da ist eine Rose.

2. Schritt: Jetzt transportierst du deine Wahrnehmung durch den Filter deiner Glaubenssysteme, durch den Filter deiner Werte. Es erfolgt also eine *Be-Wertung*. Je nachdem, was du zum Thema „Rosen" für einen Glaubenssatz besitzt, ist es für dich eine schöne Rose, eine einfache Blume, oder gar eins dieser unausstehlich stinkenden Gewächse, an denen du dich immer stichst und die diese widerlichen Allergieschübe bei dir auslösen. Du gibst der Rose also einen Minus-*Wert* oder einen Plus-*Wert*.

3. Schritt: Nun ändert sich deine Einstellung – das macht dein Unterbewußtsein für dich – zu der Situation, in der du dich gerade befindest. Ein Plus-Wert würde deine Einstellung ins Positive verbessern, ein Minus-Wert würde deine Einstellung ins Negative abrutschen lassen.

Wenn sich deine Einstellung verändert, verändert sich sofort deine Sichtweise der Dinge. Deine vorgenommene *Be-Wertung* wirkt also auf deine Wahrnehmung zurück. Rutscht deine Einstellung ins Negative ab, siehst du folgerichtig vermehrt die negativen Aspekte der Situation, in der du dich gerade befindest. Du spürst, wie deine Stimmung nachläßt, deine Energie abnimmt, du erkennst die Schwierigkeiten in der Situation. Du hast also durch deine *Be-Wertung* deiner Wahrnehmung eine *Ent-Wertung* deiner aktuellen Situation geschaffen.

Umgekehrt geht es genauso: Verbessert sich deine Einstellung ins Positive, siehst du folgerichtig vermehrt die positiven Aspekte der Situation, in der du dich gerade befindest. Du erkennst Chancen, Wege, Möglichkeiten, du spürst mehr Kraft in dir, dir geht es spontan besser. Du hast also durch deine *Be-Wertung* deiner Wahrnehmung eine *Ver-Wertung* deiner aktuellen Situation geschaffen.

Kurz: Ver-Werter sagen, wie es gehen könnte, Ent-Werter sagen, wie es nicht geht (Worte = Werte).

Nun bist du von der Natur so konstruiert, daß immer dann, wenn sich deine Einstellung verändert hat, sich auch dein Verhalten verändert und dieser Einstellung anpaßt. Damit folgt der
4. Schritt: Dein Verhalten verändert sich gemäß deiner jetzigen Einstellung.

Die Kette setzt sich also aus den aufeinander folgenden Schritten zusammen: *Wahrnehmen –Filtern durch die Glaubenssätze – Bewerten – Verändern der Einstellung– Ver-werten* oder E*nt-werten – Verändern des Verhaltens.* Und da es eine Wechselwirkung ist, funktioniert sie immer in beide Richtungen!

Wie kannst du nun daraus einen Nutzen ziehen? Zunächst einmal sei dir bewußt, daß dein jeweiliges Verhalten nicht einfach *da* ist, sondern als Ergebnis einer Kette von Ursache und Wirkung in deinem Denken entstanden ist. Meistens findet jeder Schritt unbewußt statt.

Du kannst aber stets jeden Schritt auch ganz bewußt gehen. Denn du kannst bestimmen, was du wahrnimmst. Du kannst deine Glaubenssätze verändern. Es liegt an dir, wie du etwas bewertest. Du kannst in jeder Situation Vorteile finden, wenn du danach suchst. Du kannst deine Einstellung bewußt verändern, du darfst dich frei entscheiden, ob du lieber *Ver-Werter* oder *Ent-Werter* sein möchtest. Und du kannst jederzeit dein Verhalten anhalten und durch ein anderes ersetzen.

Du kannst immer so tun, als ob. So tun, als ob du glücklich, mutig, entschlossen wärst. Dein Unterbewußtsein beobachtet immer nur dein Verhalten, kann aber Schein von Sein nicht unterscheiden. Tu so, als wärst du ein Verwerter, und alles, deine Einstellung bis hin zu deiner Wahrnehmung, wird sich anpassen und verändern. Und wenig später bist du so, wie du sein willst.

Quintessenz der 12. Regel:

Sei immer ein Verwerter

1. Ent-Werter sagen, wie es nicht geht. Ver-Werter sagen, wie es gehen kann (oder könnte).

2. Ver-Werter bewerten eine Situation im Hinblick daraufhin, wie sie ihnen nützlich ist. Sie geben ihr einen Plus-Wert. Ent-Werter bewerten eine Situation daraufhin, wie sie ihnen schadet. Sie geben ihr einen Minus-Wert.

3. Deine so etablierten Werte verändern deine augenblickliche Einstellung. Deine Einstellung verschafft sich Ausdruck in deinem Verhalten.

4. Dein Verhalten ist also eine Folge deiner Einstellung, die ihrerseits eine Folge deines Ver-Wertens oder deines Ent-Wertens ist.

5. Veränderst du umgekehrt bewußt und aktiv dein Verhalten, so daß es zu deiner augenblicklichen Einstellung nicht mehr paßt (du lächelst und tanzt, obwohl du tief traurig oder wütend bist), korrigiert dein Unterbewußtsein nach kurzer Zeit deine Einstellung und gleicht sie deinem bewußt geänderten Verhalten an. In diesem Zustand bewertest du anders – und kannst aus einem Minus-Wert einen Plus-Wert machen.

13. Regel: Sei offenen Geistes

Verbindest du „entschlossenes Handeln" auch – und fälschlich, wie viele Menschen – mit Begriffen wie Willenskraft und Disziplin? Und hast du auch schon festgestellt, daß du manchmal noch so viel Willenskraft und Disziplin haben kannst, und trotzdem fällst du in alte Verhaltensweisen zurück, die du eigentlich aufgeben wolltest? Was ist Willenskraft anderes als konzentrierte Aufmerksamkeit? Was ist Disziplin anderes als Wiederholung?

Willst du also ein unliebsames Verhalten (z.B. Rauchen, übermäßiges Essen) aufgeben, dann trägt deine Willenskraft, kombiniert mit deiner Disziplin sogar dazu bei, daß du jetzt erst recht viel rauchst und noch mehr ißt. Wenn du gegen etwas kämpfst, machst du es stärker. (Lies hierzu auch die **6. Regel:** *Das, worauf du deine Aufmerksamkeit richtest, wächst*).

Entschlossenes Handeln ist etwas ganz anderes.

Dein Geist kann zwei verschiedene Zustände annehmen: *offen* im Sinne von unvoreingenommen und *geschlossen* im Sinne von voreingenommen. Eine Festung, die der Feind schon VOR-der eigentlichen Schlacht -EINGENOMMEN hat, ist für uns verloren. Es hilft uns nicht im mindesten, daß es diese Festung gibt; sie trägt jetzt sogar zu unserer Niederlage bei. Genauso ist es, wenn dein Geist voreingenommen oder verschlossen ist. Du bist dann im wahrsten Sinn des Wortes umzingelt, mit anderen Worten: eingeschlossen.

Solange dein Geist verschlossen ist, kannst du nicht entschlossen sein.

Der Begriff entschlossen kommt von ent-schließen. Er bezeichnet also einen Vorgang, bei dem der Verschlußzustand aufgehoben wird. Bleibt dein Geist verschlossen, hast du dich Einsichten gegenüber verschlossen. Hast du dich Einsichten gegenüber verschlossen, kannst du dich auch nicht entscheiden, für einen anderen Weg etwa oder für einen neuen Anfang. Scheiden heißt trennen. Aber ent-scheiden heißt, die *Trennung* deiner Entweder-oder-Situation zu beenden, sie *aufzuheben*, es heißt demnach soviel wie wieder zusammen kommen.

Ent-scheiden ist also ein *verbindender* Prozeß, kein trennender, wie viele irrtümlich glauben.

Deshalb spricht man bei einmal getroffenen Entscheidungen auch von Ver*bindl*ichkeit. Wir haben uns, wenn wir uns verbindlich entschieden haben, mit dem, was wir wollen, verbunden. Wir sind ein Bündnis eingegangen mit unserem Vorhaben und mit unserem Ziel. Mangelnde Verbindlichkeit zeigt dir immer, daß sich jemand (noch) nicht wirklich entschlossen hat, etwas Bestimmtes zu tun. Es zeigt immer, daß sein Geist noch verschlossen, noch voreingenommen ist. Und solange das der Fall ist, bleibt er stehen, bleibt er unbeweglich, *gefangen* hinter den Mauern seiner Gedanken. Um daraus freizukommen, braucht er keine Willenskraft, auch keine Disziplin, sondern einen Schlüssel.

Ent-schließen ist deshalb ein Vorgang des Öffnens, ein Loslassen, ein Lösen. Sich ent-schließen heißt, sich selbst von dem Problem zu lösen, die mentalen Ketten abzustreifen und Neues zuzulassen. Das geht aber nur mit einem freien, unvoreingenommenen, offenen Geist.

Darum: Sei offenen Geistes. Verbinde die Anfangsbuchstaben des letzten Satzes, und du erhältst das Wort SOG. Wenn du stets offenen Geistes bist, dann wirkst du wahrhaftig wie ein Magnet, du entwickelst eine SOG-Wirkung auf Lösungen und auf Menschen, die Lösungen bringen. Heißt es nicht auch im Volksmund: „Einsicht ist der erste Weg zur Besserung?"

Sei offenen Geistes, und du bist neuen, kommenden Einsichten gegenüber nicht länger verschlossen.

Ein Kennzeichen eines verschlossenen Geistes ist es auch, Botschaften und ihre Überbringer gleichzusetzen, sie gewissermaßen zu „verheiraten". Weil Peter etwas sagt, das Paul nicht gefällt, findet Paul den Peter blöd. Dabei gefällt ihm eigentlich nur nicht, was Peter sagt. Weil Nanni die Hanni nicht mag, findet sie blöd, was Hanni sagt. Dabei kann das sehr klug sein, doch Nanni mag die Hanni nicht, und deswegen lehnt sie alles ab, was Hanni sagt. Die Welt ist immer ein Spiegel unserer Gedanken.

Sei anders. Nutze den SOG – sei offenen Geistes! Wenn du das tust, dann nimmst du wichtige Hinweise an, auch wenn sie von Menschen kommen, die dir unsympathisch sind. Und du lächelst über den Unsinn, den die Menschen manchmal verzapfen, und magst sie trotzdem – oder gerade deswegen.

Quintessenz der 13. Regel:

Sei offenen Geistes

1. Ein verschlossener Geist ist voreingenommen (schon vor „der Schlacht" eingenommen) und ist uns nicht länger dienlich. Solange dein Geist verschlossen ist, kannst du nicht entschlossen (offen) sein.

2. Ein verschlossener Geist neigt dazu, Botschaften und Überbringer gleichzusetzen. Ein offener Geist vermag zwischen beiden zu unterscheiden.

3. Sei offenen Geistes = SOG. Ein offener Geist wirkt anziehend wie ein Sog. Entwickle eine SOG-Wirkung auf Lösungen und Menschen, die Lösungen bringen.

4. Ein offener Geist hat Spaß am Neuen und Ungewohnten. Ein verschlossener Geist fühlt sich nur sicher hinter den Mauern und Grenzpfählen seiner Gewohnheiten. Ein verschlossener Geist ist ein Gefängniswärter, der auf sich selbst als Gefangener aufpaßt.

5. Ein verschlossener Geist verharrt; er verbleibt, wo er ist. Er hält fest. Ein offener Geist ist flexibel; er nimmt andere Standpunkte an. Er läßt also ein Fließen zu und regt zum Fließen an. Fließen ist Leben, Festhalten führt zum Tod.

14. Regel: Sei wachsam

Die Anfangsbuchstaben der **13. Regel**: *Sei offenen Geistes* bilden das Wort SOG. Das englische Wort für Sog ist das Wort *wake*; gleichzeitig bedeutet es aber auch „wach sein", „Luftstrom", „erwachen" und „erwecken". Eine seltsame Bedeutungsmischung. Unser deutsches Wort *erwachen* ist eng verwandt mit *erwachsen*; und wenn wir etwas ein*wecken* (wobei ein Sog, ein Unterdruck entsteht) dann deshalb, um die jeweilige Nahrung *frisch*zuhalten. Wachsein heißt, *frisch* und munter sein. Unsere *frische Brise* wiederum ist gewiß ein Luftstrom, und wir sehen, wie sich der Kreis hier schließt.

All diese verwandten Begriffe gehen auf ein altindisches/indoeuropäisches Wort namens *vaya* zurück. Es bedeutet sowohl „Kraft" als auch „Schnelligkeit" Wenn wir heranwachsen, dann nehmen wir an körperlicher Stärke zu. Wenn wir geistig wachsen, dann steigern wir unsere Denkgeschwindigkeit und die Kraft unserer Konzentration. Es ist kein Zufall, daß *vaya* im Spanischen „gehe" bedeutet (z.B. vaya con dios), wozu ich eben Kraft und Schnelligkeit brauche.

Viele spirituelle Lehren sagen, der Mensch träume oft Zeit seines Lebens, und nur wenige schaffen es, zu erwachen. Hier wird erwachen völlig gleichgesetzt mit geistigem Wachstum. Bist du erwacht, oder träumst du nur? Die meisten Menschen dämmern nämlich förmlich durchs Leben.

Sie stehen auf, gehen zur Arbeit, kümmern sich um ihre Familie, fahren ein- oder zweimal in Urlaub, und beginnen wieder von vorn. Würdest du sie fragen, sie würden selbstverständlich abstreiten, daß sie träumen, doch eben das tun sie. Ihr Traum heißt Pflichterfüllung.

Andere hocken viele Jahre ihres Lebens vor dem Fernseher, sehen zu, wie Leben geschieht – ihr Traum heißt Ablenkung. Wieder andere schwärmen davon, was sie einmal tun werden, wenn es denn soweit ist, aber die Zeit verrinnt, und nichts geschieht – ihr Traum heißt Sehnsucht. Noch andere haben echte Süchte und damit Träume, die alle den Namen Betäubung tragen.

Und wie oft hörst du Menschen sagen: „Ach, wäre es doch bloß schon Feierabend!" Sie sind dann mit ihren Gedanken gar nicht hier, sondern einige Stunden in der Zukunft – sie träumen.

„Früher war alles besser!" Auch das hast du schon oft gehört. Diese Menschen leben in der Vergangenheit – sie träumen. Wenn du mit deinen Gedanken noch bei dem Streit von gestern bist oder bei der Besprechung von morgen früh, dann bist du nicht hier, nicht im Hier und Jetzt.

Dann träumst du – von Dingen, die sowieso schon vorbei sind und die du nicht mehr ändern kannst, und von Dingen, die noch gar nicht passiert sind und an denen du zur Zeit auch noch nichts verändern kannst. Es sei denn, du konzentrierst dich auf die Gegenwart, auf das Hier und Jetzt. Aufmerksam sein ist der Schlüssel zum Erwachen. Wenn du aufmerksam bist, dann kannst du nicht zugleich träumen. Wenn du nicht träumst, bist du wach. Wenn du wach bist, hast du die Chance zu wachsen. Aufmerksam sein heißt, den Augenblick der Gegenwart voll und ganz wahrzunehmen.

Nichts, was war, ist wichtig, und nichts, was sein wird, ist wichtig, nur das Jetzt, das Hier und Jetzt, zählt. Denn nur im Jetzt kannst du irgend etwas verändern.

Wenn du Streß erlebst, dann ist das nur möglich, weil du dir ausmalst, was eventuell geschehen könnte. Du bist nicht im Hier und Jetzt, du weilst in der Zukunft. Du träumst – einen Albtraum.

Wenn du nachtragend bist oder dich gar in Haß verstrickt hast, dann ist das nur möglich, weil du dir ausmalst, was bereits geschehen ist. Du bist ebenfalls nicht im Hier und Jetzt, du weilst in der Vergangenheit. Du träumst – einen weiteren Albtraum. Hassen ist somit träumen. Das Gegenteil von Haß aber ist Liebe; und lieben kannst du nur im Hier und Jetzt. Wer liebt, wächst über sich hinaus. Wer haßt, tut das Gegenteil: er erniedrigt sich.

Darum, wenn du leben und lieben möchtest, das heißt, die Lebensenergie in dir spüren und genießen, wenn *vaya* vermehrt in dein Leben treten soll – dann richte deine Gedanken einfach auf das, was jetzt gerade ist.

Sei aufmerksam, oder anders ausgedrückt: Sei wachsam. Denn dann bist du wach. Wenn du wach bist, bist du dir deiner selbst bewußt. Wenn du selbstbewußt bist, übst du eine starke Anziehungskraft aus. Und das *ist* der Sog, der alles zu dir heranzieht, was du brauchst.

Quintessenz der 14. Regel:

Sei wachsam

1. Die Vergangenheit kannst du nicht ändern. Die Zukunft ist noch nicht. Aber du kannst sie gestalten – im Hier und Jetzt. Nirgendwo sonst.

2. Hältst du dich gedanklich häufig in der Vergangenheit oder in der Zukunft auf, dann bist du nicht wach, sondern träumst.

3. Nur wenn du wach bist, kannst du geistig wach-sen. Er-wach-sen sein heißt, den Augenblick, das Hier und Jetzt, zu akzeptieren. Ihn anzunehmen als das einzige, das existiert und zählt. Ihn anzunehmen als das einzig Wertvolle, das es gibt. Nutze den Tag, genieße den Augenblick.

4. Wach sein (erwecken, wake, Sog, Frische) kommt von der alten Sprachwurzel *vaya* (Kraft, Schnelligkeit). *Vaya* ist [für mich] das Maß an Lebensenergie oder der Vitalstrom.

5. Wenn du wach bist, bist du dir deiner selbst bewußt. Je wacher du bist, desto mehr *vaya* hast du. Und desto mehr Anziehungskraft geht von dir aus.

15. Regel: Alles Geniale ist einfach

Das hast du bestimmt schon einmal gehört: „Alles Geniale ist einfach, aber nicht alles Einfache ist auch genial". Und doch – trotz dieser weitverbreiteten Weisheit – findest du um dich herum immer komplizierter werdende Dinge.

Egal, ob es unsere Gesetze und Verordnungen sind, unsere Autos und deren Innenleben, unsere Telefone und deren Tarife, unsere Stereo-Anlagen und Videorecorder, nimm was du willst: die meisten Dinge werden komplizierter. Und das nur deswegen, weil die Menschen diese Dinge *verbessern* wollen. Manches ist sinnvoll, vieles aber nicht. Jeder weiß es, aber kaum einer handelt nach dem Grundsatz „Weniger ist oftmals mehr". Wir sind sogar schon so weit gekommen, daß wir Menschen mit Respekt begegnen, obwohl sie uns mit ihrer Fachsprache, die sie ohne Rücksicht gebrauchen, alles andere als respektvoll behandeln. Beispiele sind Mediziner, Ingenieure, Computerspezialisten, Rechtsgelehrte. Und warum reagieren wir so? Wir haben gelernt: Wenn etwas kompliziert ist, dann ist es wertvoll. Das haben wir so oft gehört, daß wir es schließlich geglaubt haben. Doch nichts könnte unsinniger sein.

Die Natur geht immer den leichtesten Weg, das heißt auch, den energieärmsten Weg. Warum Energie für etwas aufwenden, wenn es auch ganz leicht, ganz einfach, fast spielerisch zu bewerkstelligen ist? Nur wir Menschen meinen, etwas sei umso wertvoller, je anstrengender es ist. Je mehr Energie wir aufwenden müssen, um etwas zu erreichen, desto besser sind wir dran. Was für ein Trugschluß! Und wir sind so davon überzeugt, daß wir anderen sofort mißtrauen, wenn sie mit einer einfacheren Lösung als der bisherigen kommen. „Ja, wenn das so einfach wäre ..." heißt es dann, und sofort wird dir erklärt, warum dein Vorschlag nicht funktionieren kann.

Hättest du gesagt: „Ich habe eine neue, bessere Lösung, aber sie ist ein wenig komplizierter und komplexer als das bisherige Verfahren", hätte man dir vielleicht mehr Anerkennung und Respekt entgegengebracht.

Überlege einmal: Wenn etwas schwerer wird, brauchst du mehr Energie. Mehr Energie aufwenden oder einbringen bedeutet, du belastest das Gesamtsystem stärker als zuvor. Mehr Belastung heißt weniger Spaß. Aus weniger Spaß wird schnell fehlender Spaß. Und plötzlich wird aus Betätigung – Arbeit.

Darum vereinfache, wo du nur kannst. Vereinfachen heißt weniger Anstrengung haben. Weniger Anstrengung heißt mehr Spaß haben. Mehr Spaß heißt mehr Lebensfreude spüren. Und das bedeutet auf lange Sicht höheres Alter, bessere Gesundheit, größeres Wohlbefinden, mehr Geselligkeit.

Wenn du Dinge und Verfahren vereinfachst, verminderst du Verluste an Reibungsenergie. Das gesamte System läuft schneller, verbraucht weniger Energie, hält länger und braucht weniger Wartung.

Schau dich einmal in deinem Alltag, in deinem Leben um und prüfe, wo du etwas vereinfachen kannst. Was würde dir mehr Freude machen, wenn es einfach – *einfacher* wäre? Brauchst du wirklich ein High-Tech-Telefon, das so kompliziert ist, daß du schon Angst hast, irgendwann einmal die falsche Taste zu drücken, obwohl du eigentlich einfach nur telefonieren willst?

Darum: vereinfache dein Leben. Vereinfachen heißt oft, unnützen Ballast abzuwerfen. Dinge, die du schon Jahre mit dir herumschleppst (oder lagerst), ohne daß du sie brauchst. Vereinfachen heißt, sich auf das Wesentliche zu konzentrieren. Vereinfachen bedeutet, daß „es" leicht geht. Wenn das, wovon du die Menschen überzeugen möchtest – sei es eine Idee oder ein Produkt – ihr Leben erleichtert, ohne dabei selbst kompliziert zu sein, dann kannst du dich gegen Erfolg gar nicht mehr wehren.

Wenn irgendwo etwas dein Mißfallen erregt, weil es zu kompliziert ist und du es deswegen nicht benutzt, dann frage dich, ob du „es" überhaupt brauchst. Das gilt im übertragenen Sinn auch für den schwierigen Mitmenschen, dessen Allüren dich belasten und dessen Umgang du scheust. Dann frage dich, ob du den Umgang mit diesem Menschen überhaupt brauchst.

Triff eine Ent-SCHEIDUNG (siehe dazu auch die **13. Regel:** *Sei offenen Geistes*) für das Einfache. Und hüte dich immer davor, etwas abzulehnen, nur weil „es" leicht oder einfach ist. Wenn es funktioniert (und das kannst du nur herausfinden, wenn du es erst einmal annimmst), dann hast du vielleicht etwas Geniales entdeckt.

Quintessenz der 15. Regel:

Alles Geniale ist einfach

1. Die Natur geht immer den Weg des geringsten Widerstandes. Sie wählt stets den leichtesten Weg, der gangbar ist.

2. Je mehr Widerstand da ist, desto mehr Energie brauchst du. Geniale Dinge sind deswegen immer einfach, weil sie immer wenig Energie verbrauchen.

3. Darum vereinfache, was du vereinfachen kannst. Vereinfachen heißt, sich weniger anzustrengen. Weniger Anstrengung heißt, mehr Spaß empfinden. Mehr Spaß empfinden heißt, mehr Lebensfreude spüren. Mehr Lebensfreude spüren heißt, mehr *vaya* besitzen.

4. Vereinfachen heißt oft, sich von Altem und Überholtem zu trennen. Erleichtere dich, indem du unnützen Ballast (gegenständlich wie mental) abwirfst. Erleichterung und Erleuchtung sind als Begriffe verwandt und leiten sich beide von dem Wort Licht ab.

5. Vereinfachen heißt Reibungsenergie verringern. Das heißt, deine Effektivität nimmt in dem Maße zu, in dem du Dinge und Verfahren vereinfachst.

16. Regel: **Alle Entwicklungen verlaufen kreisförmig**

Diese Regel gilt für makrokosmische Objekte (Sonnensysteme, Galaxien) ebenso wie für mikrokosmische Teilchen (Atome und deren Bausteine). Alle dort wirkenden Kräfte wirken kreis- oder kugelförmig. Alle kosmischen Körper beschreiben elliptische Bahnen. Jahr und Tag sind Folgen von Kreisläufen. Atome verhalten sich wie Miniatursonnensysteme. Energie wird freigesetzt durch das Annehmen von neuen Kreisbahnen der Elektronen. Strom fließt nur, wenn der Kreis geschlossen ist.

Das gilt insbesondere für die Welt, die wir wahrnehmen und die wir sehen können. Nimm deinen Körper als Beispiel. Du lebst als Folge von zwölf funktionierenden Kreisläufen innerhalb deines Körpers. Wir sprechen oft auch von Zyklen: dem Monatszyklus, dem Börsenzyklus, dem Lebenszyklus.

Wir leben in einer Welt von Kreisläufen. Der Kreis ist insofern eine natürliche Form, als er mannigfaltig in der Natur vorkommt. Denke nur an ein Wellenausbreitungsmuster im Teich, wenn du einen Stein hineinwirfst.

Auch dein Gesichtsfeld ist annähernd kreisförmig. Der Kreis (oder seine Schwester, die Kugel) ist uns wohlvertraut und erscheint uns als die harmonischste Form, die wir kennen. Die Wellen, die du real oder im übertragenen Sinne verursachst, kehren irgendwann zu dir zurück. Auch hierbei mag dir das Wellenmuster eines Teiches als Beispiel dienen. Erreichen die Wellen das Ufer, werden sie reflektiert und kommen an den Punkt ihres Entstehens zurück. Das ist das Gesetz der Entsprechung (siehe hierzu auch die **17. Regel:** *Aktion ist gleich Reaktion*).

Wenn du eine Ursache schaffst, erschaffst du damit automatisch stets auch eine Wirkung. Ursache und Wirkung bedingen sich gegenseitig. Es gibt keine Wirkung ohne Ursache, und eine Ursache hat immer eine Wirkung. Manch eine Wirkung ist wiederum die Ursache für eine weitere Wirkung, die ihrerseits Ursache sein kann für eine dritte und viele weitere Wirkungen. Auch wenn du Anfang und Ende nicht mehr überblickst – irgendwann kehrt eine der Wirkungen zu dir zurück, und der Kreis schließt sich. Dessen kannst du gewiß sein. Deshalb gibt es auch keine Zufälle außer denen, die dir ZU-FALLen. Alles im Universum basiert auf Ursache-Wirkungsketten, die sich irgendwann auf sich selbst rückbeziehen und so zum vollendeten Kreis werden.

Aber richtest du dich danach? Wie viele Menschen wohl eher nicht. Wir haben gelernt – es als Glaubenssatz hinterlegt –, uns linear, also gerade und nicht kreisförmig zu verhalten. Dabei ist Gradlinigkeit das unnatürlichste überhaupt. Eine Gerade gibt es in der Natur nirgendwo. Und das aus gutem Grund.

Aber wie haben wir Menschen uns organisiert? Über Jahrhunderte konnten wir uns etwas anderes als einen gradlinigen Berufsweg nicht vorstellen. Man lernte einen Beruf und blieb dabei ein Leben lang. Was für ein Unsinn! Unsere Unternehmen und Staatswesen sind immer noch hierarchisch geordnet, von oben nach unten; sie bilden eine Pyramide aus lauter Geraden.

Und was ist das Negative an einer Geraden? Sie hat immer einen Anfang und ein Ende. Es gibt einen Unterschied zwischen oben und unten, rechts und links. Unbewußt wissen wir das seit langem. Unser Zeichen für *Negativität* ist nämlich eine Gerade: das Minuszeichen! In einem Kreis aber gibt es kein vorne oder hinten. Jeder Punkt ist gleich weit vom Zentrum entfernt; ein Kreis ist die Abbildung vollkommener Harmonie.

Deshalb wird es dir unmöglich sein, Harmonie in dein Leben zu bringen, solange du innerhalb deines Wirkungskreises Linearität und die Existenz von Geraden zuläßt. *Krümmung* von Raum und Zeit ist ein Wesenszug der Welt, in der wir leben, sagen die Physiker seit Einstein. Darum verläuft jede Entwicklung, jedes Projekt, jede Forschung, jedes Unternehmen, jeder Prozeß seiner Struktur nach immer kreisförmig ab. Und jede Wirkung und jede Ursache ist ein Kreisausschnitt einer übergeordneten Kreislinie, die unaufhörlich zu ihrem Ursprungsort zurückführt.

Deshalb erweitere deinen Gesichtskreis, wenn du ein Problem verstehen willst. Suche Zyklen und Kreise auch dort, wo andere nur den winzigen Kreisabschnitt sehen, der ihnen fälschlich als Gerade erscheint. Jede Lösung ist immer Teil des Kreises – und zugleich eine Ab-Lösung von der irrigen Vorstellung, es gäbe etwas Grad–liniges im Universum. *Alles* unterliegt dem ewigen Kreislauf: Geburt, Wachstum, Verfall und Tod.

Quintessenz der 16. Regel:

Alle Entwicklungen verlaufen kreisförmig

1. Kreis- oder spiralförmige Entwicklungen erscheinen uns als Zyklen.

2. Die Krümmung von Raum und Zeit ist ein Wesenszug der Welt, in der wir leben. Alles unterliegt dem ewigen Kreislauf von Geburt, Wachstum, Verfall und Tod.

3. Denke kreisförmig. Denke in Zyklen. Das weltweite Zeichen für Negativität ist ein Minuszeichen – eine Gerade! Linearität existiert nirgendwo in der Natur. Linearität spaltet, setzt Grenzen, macht Unterschiede erst deutlich. Kreisförmiges Denken kehrt dagegen immer zum Ursprung zurück.

4. Die harmonischsten Formen, die wir kennen, sind der Kreis und sein dreidimensionales Pendant, die Kugel. Alle Punkte dieser Gebilde sind gleich weit von ihrem Zentrum entfernt. Darum bilde Prozesse, Projekte, Entwicklungen, Verfahren, Unternehmen immer kreisförmig ab, wenn du sie ihrer Natur nach verstehen willst.

5. Die kreisförmigen Wellen, die du real oder im übertragenen Sinne verursachst, kehren irgendwann reflektiert zu dir zurück. Vielleicht ist dein Gesichtsfeld deswegen kreisförmig – genauer: ellipsoid – , damit du dies rechtzeitig erkennen kannst?

17. Regel: Aktion ist immer gleich Reaktion

Wenn du Weizen säst, was erwartest du dann zu ernten? Roggen? Hafer? Blödsinnige Frage, höre ich dich sagen. *Natürlich* Weizenähren. Richtig, das ist das Prinzip der Natur. Du kannst immer nur das ernten, was du gesät hast. Du bekommst, was von dir ausging. Aktion ist gleich Reaktion.

Wenn du jemandem in Gedanken etwas Schlechtes wünscht, was erwartest du dann für Folgen? Normalerweise gar keine. Weil wir allgemein der irrigen Annahme verfallen sind, ein Gedanke sei ein Nichts. Aber stimmt das? Du kannst heute mit elektronischen Geräten Gedankenaktivität im menschlichen Gehirn messen. Also ist ein Gedanke kein Nichts, sondern ein Etwas. Er ist vorhanden in Form eines meßbaren elektrischen Stroms. Er *ist* Energie. Aus dem Physikunterricht erinnerst du dich vielleicht noch an den sogenannten *Energieerhaltungssatz*. Er besagt, daß Energie nicht verlorengehen, sondern nur umgewandelt werden kann. Wenn Energie aber nicht verlorengehen, sondern nur umgewandelt werden kann, dann kann auch ein Gedanke nicht verlorengehen, sondern nur umgewandelt werden.

Aber in was wird er umgewandelt, fragst du? Die Umwandlung erfolgt über die Reaktion. Du denkst einen Gedanken, und von diesem Moment an ist dein Gedanke Teil eines gigantischen Gedankenfeldes, dem Rupert Sheldrake den Namen „morphogenetisches Feld" gegeben hat. Du hast damit deine „Saat" ausgebracht. Irgendwann – manchmal nach kurzer Zeit, manchmal später – kommt der Gedanke zu dir zurück: in Form einer Reaktion. Das ist das fundamentale Gesetz der Entsprechung. Wie du etwas in den Wald hineinrufst, so kommt es zu dir zurück. Von wem und wodurch ist dabei völlig gleich gültig.

Wenn du jemandem etwas Schlechtes wünscht, was erwartest du *jetzt* für Folgen? Richtig: irgendeine Reaktion, die *für dich* in ihrer Auswirkung schlecht ist. Von wem und wodurch die Reaktion erfolgt, ist dabei völlig gleich gültig. Das Universum findet immer einen Weg, dir deine dir zustehende Reaktion zukommen zu lassen. So wie die Wellen eines im Wasser versinkenden Steins irgendwo reflektieren und unweigerlich an den Ort ihrer Entstehung zurücklaufen. Das ist das Prinzip der Natur. Aktion ist gleich Reaktion.

Wenn du etwas kaufst und dabei denkst, wie teuer das wieder ist, dann lautet dein tiefer liegender Gedanke: „Ich bekomme zu wenig zurück für mein Geld." Du vergleichst und *nimmst an*, nach diesem Tauschgeschäft *der Ärmere* zu sein. Verstehe das bitte wörtlich: Du *nimmst das Armsein an!* Du erzeugst in dir ein Armutsbewußtsein, wenn das, was du für dich kaufst, für dich zu teuer ist. Dein Gedanke ist die *Aktion* und du sendest ihn aus. Die *Reaktion* ist vorhersagbar. Du wirst ärmer werden.

Wenn du etwas kaufst und dabei denkst, wie preisgünstig das wieder ist, dann lautet dein tiefer liegender Gedanke: „Ich bekomme für mein Geld mehr zurück, als ich bezahlt habe." Du vergleichst und *nimmst an*, nach diesem Tauschgeschäft *der Reichere* zu sein. Verstehe auch das bitte wörtlich: Du *nimmst das Reichsein an!* Du erzeugst in dir ein Wohlstandsbewußtsein, wenn das, was du für dich kaufst, für dich preisgünstig ist. Der Preis ist dir gut gesonnen (= günstig), weil du ihm gut gesonnen bist. Aktion ist gleich Reaktion. Dein Gedanke ist die *Aktion,* und du sendest ihn aus. Die *Reaktion* ist gleichfalls vorhersagbar. Du wirst reicher werden. Du hast das Reichsein (als Geisteshaltung) angenommen. Geld, schreibt Stuart Wilde, ist fließende Energie. Du mußt sie selbst zuerst fließen lassen, damit sie zu dir zurückfließen kann.

Diese UNIVERSELLE LEBENSREGEL korrespondiert mit vielen anderen Regeln, besonders mit der **19. Regel**: *Das, was du erwartest, tritt ein* und mit der **16. Regel:** *Alle Entwicklungen verlaufen kreisförmig.* Das, was du aussendest, kehrt in einem Bogen zu dir zurück.

Wenn du Weizen aussäst, wirst du Weizenähren ernten. Wenn du Haß aussäst, wirst du Haß-Reaktionen ernten. Wenn du Liebe aussendest, wirst du Liebe ernten. Wenn du am Ende überrascht bist von den Reaktionen, dann nur deswegen, weil du die Zusammenhänge nicht (mehr) überblickst.

Dann sprichst du von Zufall, obwohl dir immer nur das ZU-FALLen kann, was du durch deine eigene Schwingung anziehst. Und gleiche Schwingungen verstärken sich. Aktion ist immer gleich Reaktion.

Quintessenz der 17. Regel:

Aktion ist immer gleich Reaktion

1. Du kannst nur das ernten, was du zuvor gesät hast.

2. Jeder Gedanke ist wie eine Tat ein Saatkorn, eine Ursache, eine Aktion, die du in den Nährboden deiner Umwelt legst. Die – nach einiger Zeit der Reife – einsetzende Reaktion, die du aus der Umwelt erhältst, ist deine „Ernte".

3. Aktion und Reaktion entsprechen sich immer. Insofern gibt es keinen Zufall. Außer in dem Sinne, daß dir zufällt, was du vorher angezogen hast.

4. Die Reaktion erfolgt immer. Ein Gedanke kehrt stets in Form einer Reaktion zu seinem Schöpfer zurück. Durch wen oder durch was ist dabei gleich gültig.

5. Wir leben in einem reagierenden Universum. Ein Gedanke ist kein Nichts, sondern ein elektronisch meßbares Etwas. Energie kann niemals verlorengehen, sondern nur umgewandelt werden. Ein Gedanke kann somit nur umgewandelt werden und niemals verlorengehen. Er verbleibt in diesem Universum, und das Universum „schickt" uns die Reaktion gemäß unserer Erwartungen und Überzeugungen zurück.

18. Regel: Schreibe all deine Ziele auf

Unser deutsches Wort schREIBEN kommt von reiben; es meint, mit einem Stift auf einer Oberfläche reiben. Vielleicht erinnert dich *reiben* auch an die Geschichte von Aladin und seine Wunderlampe. Für mich ist sie eine der schönsten Metaphern überhaupt für die Macht, die dem Vorgang des schREIBENs innewohnt. Aladins Geschichte enthält zwei bedeutende Symbole: den Ring, den es zu drehen gilt (worauf der kleine Geist erscheint, der in Wahrheit der mächtigere ist), und die Lampe, ein Symbol des Lichts und damit der Erkenntnis, die es zu reiben gilt (worauf der große Geist erscheint).

Ersetze das Symbol Ring durch kreisförmiges Denken (siehe die **16. Regel:** *Alle Entwicklungen verlaufen kreisförmig*) und das Reiben durch *schreiben*, dann hast du die beiden wichtigsten Elemente der persönlichen Wunscherfüllung zusammen, um die es in der Geschichte von Aladin ja geht. Zu bemerken ist hier noch, daß Aladins Name selbst – im Original „Alla-ed-dîn" – einen Hinweis auf „Allah" bietet, den moslemischen Namen des Schöpfers. Das heißt nichts anderes als: *Kreisförmiges Denken* und *Schreiben* macht uns zum *Schöpfer* unseres eigenen Schicksals.

Was geschieht nun beim AufschREIBEN deiner Ziele? Nun, zunächst einmal setzt es voraus, daß du weißt, was deine Ziele sind. Da du die UNIVERSELLEN LEBENSREGELN liest, möchtest du wahrscheinlich Gesundheit, Wohlstand, Glück und Erfolg in dein Leben holen. Aber beachte: Gesundheit, Wohlstand, Glück und Erfolg sind noch keine Ziele. Es sind bestenfalls Zustände.

Zu einem Ziel werden sie erst, wenn du dich traust, konkret zu werden. Und eine sehr konkrete Form des Denkens ist das Aufschreiben. Denke einmal darüber nach: Einer Langzeitstudie der Harvard-Universität zufolge haben nur drei Prozent aller amerikanischen Studienabgänger ihre Ziele nicht nur klar definiert, sondern sie auch schriftlich niedergelegt. Diese drei Prozent aber verdienen zehn Jahre später im Schnitt zehnmal so viel wie die Hochschulabsolventen ohne klare Zielvorstellungen (Quelle: Lothar J. Seiwert: WENN DU ES EILIG HAST, GEHE LANGSAM, siehe Literaturliste). In einem Vortrag 1995 in München wies Vera F. Birkenbihl darauf hin, daß sich nur 0,03 Prozent der Bevölkerung überhaupt trauen, sich ihre Ziele konkret bewußt zu machen, indem sie sie aufschreiben.

Wenn du jemanden fragst, sagt er: „Klar, selbstverständlich habe ich Ziele." Nur: Die wenigsten trauen sich, diese Ziele auch aufzuschreiben. Warum ist das so wichtig? Weil deine Ziele dann plötzlich konkret werden. Du könntest nämlich in einem Jahr den Zettel wiederfinden und feststellen, daß du in der Zwischenzeit nichts, aber auch gar nichts dafür getan hast. Und vor dieser Konfrontation mit sich selbst scheuen die meisten Menschen zurück. Also sagen sie im Brustton der Überzeugung: „Ich brauche meine Ziele nicht aufzuschreiben, es genügt, wenn ich sie im Kopf habe." Genau das genügt aber nicht.

Wenn Aladin anfängt zu reiben, dann ist das sein erster Schritt, einen Wunsch Realität werden zu lassen. Wenn *du* anfängst, deine Ziele aufzuschREIBEN, dann ist das *dein* erster Schritt, einen deiner Wünsche Realität werden zu lassen. Genau genommen wird das von dir Gewünschte durch die Linie auf dem Papier zum ersten Mal in diesem Universum materiell existent. Die Linie ist mehr als zuvor nur der bloße Gedanke. Sie ist sichtbar, begreifbar, sie ist vorhanden. Auch morgen noch. Die Linie ist materiell, ein Vorbote der späteren Materialisierung deines Wunsches.

Dein Unterbewußtsein reagiert auf diese Linie viel stärker als auf deinen bloßen Wunschgedanken. Für dein Unterbewußtsein ist das geschriebene Wort bereits gleichbedeutend mit der materiellen Existenz des von dir Gewünschten. Es sieht die Linie und weiß, sie ist real, also ist auch der Wunsch dahinter real*isierbar*.

Und in der Folge wird dein Unterbewußtsein alles in seiner Macht Stehende tun, um dir dienlich zu sein. Es wird dich die Situationen aufsuchen lassen, die du brauchst, um Erfolg zu haben. Es wird dich auf die Menschen, Gelegenheiten, Zeitungsannoncen, Bücher und sonstigen Hilfsmittel hinweisen, die du zur Zielerreichung brauchst und die du ohne seine Mithilfe in der Fülle der Informationen gar nicht bemerken würdest.

Dein Unterbewußtsein ist für dich das, was der große Geist für Aladin ist: der perfekte Erfüllungsgehilfe. Es trägt dich dahin, wohin du willst. Zuvor aber mußt du die Erleuchtung (das Symbol der Lampe) haben, *was* du eigentlich und *wohin* du eigentlich willst. Wenn du kein Ziel hast, kommst du nirgendwo an.

Hast du ein Ziel, mußt du es aufschREIBEN. Und zwar so, als wäre es bereits Realität, als wäre es bereits eingetreten. Beschreibe es positiv, unterlasse jede Verneinung. Und beschreibe es so konkret du kannst. Du willst reich sein? Dann schreibe: *„Am ... (genaues Datum) besitze ich ein Vermögen von zwei Millionen Euro."*

Je genauer deine Vorstellung ist, desto exakter erfährt *dein Geist*, was du willst.

Quintessenz der 18. Regel:

Schreibe all deine Ziele auf

1. Ein aufgeschriebenes Ziel nimmt zum ersten Mal eine sichtbare Gestalt an in Form der Linie auf dem Papier. Es ist der erste Schritt, einen Gedanken zu materialisieren.

2. Kreisförmiges Denken und schREIBEN macht uns zum Schöpfer unseres Schicksals. Denke an Aladin und die Wunderlampe: Ein WUNDER ist ein WUN-sch, -DER uns in Erfüllung gegangen ist.

3. Aus einem Zauderer wird ein Zauberer, wenn du seinen Kern, sein „d" – sein Denken – wandelst. Ein Ziel wird ebenfalls erst dann zum Ziel, wenn du es im Kern seines Wesens gewandelt und daraus [durch Buchstabendrehung] eine Zeil(e) gemacht hast. Im Kern ist es anfangs nicht mehr als nur ein Gedanke. Erst durch das AufschREIBEN wird es konkret.

4. Dein Unterbewußtsein unterschiedet nicht zwischen real und virtuell. Beides sieht es als gleich gültig an. Wenn du daher ein Ziel aufschreibst, formuliere es so, als wäre es bereits Realität. Beschreibe es so konkret wie irgend möglich. Verwende nur positive Begriffe. Deine Ziel-FORM-ulierung gibt die Form vor, in die das spätere Ereignis einfließen soll. Ist die FORM gut, ist es das Ergebnis ebenfalls.

5. Mache dein Ziel S.M.A.R.T., das heißt:

S: spezifisch/konkret (was genau)

M: meßbar (wieviel, womit)

A: attraktiv für dich (Vermögen kommt von mögen). So attraktiv, daß du etwas tun (Aktion) möchtest

R: real (glaubhaft; wenn du selbst an ein Erreichen nicht glauben kannst, wirst du es auch nicht erreichen)

T: terminiert (sage, wann genau du es erreicht haben willst)

19. Regel: Das, was du erwartest, tritt ein

Dies ist das *Gesetz der sich selbst erfüllenden Prophezeiung.* Das klingt nach Magie und Hexenkunst, ist aber ein Mechanismus, ein Effekt, den du überall beobachten kannst. Wieder einmal hat eine UNIVERSELLE LEBENSREGEL mit Ursache und Wirkung zu tun.

Wenn du etwas *erwartest*, dann bist du *absolut sicher*, daß das, was du erwartest, auch eintreten wird. Denn sonst würdest du ja nicht dort stehen und *darauf warten*. Also allein deine Erwartung versetzt dich in einen Geisteszustand der absoluten Gewißheit. Du *glaubst* fest daran, daß dieses oder jenes geschehen wird. Dieser Glaubenssatz bestimmt nun dein Handeln, dein Tun und Lassen. Deine Ausstrahlung, deine Anziehungskraft auf andere erfährt durch deinen Glaubenssatz eine Wandlung. Was du erwartest, strahlst, ja sendest du wortwörtlich aus. Und du kannst es drehen und wenden wie du willst, allein dadurch veränderst du die Bedingungen in deiner Welt. Und zwar fundamental.

Dieser Effekt hat Anfang des Jahrhunderts den Quantenphysikern zu schaffen gemacht. Sicher hast du auch schon von der Frage gehört: „Ist Licht nun eine Welle oder ein Teilchen?" Die Quantenphysik hat darauf eine Antwort gefunden, die inzwischen tausendfach bewiesen ist und als sicher gilt. Sie lautet: beides! Und zwar, je nachdem, was du – als Beobachter – erwartest. Erwartest du als Physiker, daß ein von dir beobachteter Vorgang als Ergebnis ein Teilchen hervorbringt, dann hast du recht. Erwartest du statt dessen, daß ein von dir beobachteter Vorgang als Ergebnis eine Welle oder eine Wellennatur hervorbringt, dann hast du wieder Recht. Es ist, als *wüßte* das Quantenobjekt (das Photon, das Elektron u.a.), was du erwartest, denn es verhält sich immer deiner Erwartung gemäß. Niemals anders!

Mit anderen Worten: Du als Beobachter übst durch deinen Vorgang der Beobachtung einen fundamentalen Einfluß auf das Ergebnis aus. [„Fundamental" übrigens setzt sich aus *Fundus* (Grund, Boden, Bestand an ...) und *mental* (geistig) zusammen. Es bedeutet eigentlich *aus dem, was da ist, geistig etwas machend.*]

Warten hat außerdem die Nebenbedeutung „pflegen". Du läßt dein Auto warten meint, daß du es mit besonderer Aufmerksamkeit bedenkst (oder bedenken läßt), und nicht, daß du es nicht beachtest und irgendwo stehen läßt. (Siehe auch die **6. Regel:** *Das, worauf du deine Aufmerksamkeit richtest, wächst). Wenn* du nun etwas pflegst, dann wächst es immer besser als die Dinge, um die du dich nicht kümmerst. Und wenn du etwas er-*wartest*, kommt zu deinem Glaubenssatz auch noch das Element deiner besonderen Aufmerksamkeit hinzu.

Wundert es dich noch, wenn das Ereignis dann auch tatsächlich eintritt? Schließlich bestehst du, bestehen alle Dinge und Menschen, besteht die Welt aus nichts anderem als aus dem sogenannten „Tanz der Elektronen". Und die Elektronen wissen, was du erwartest.

Was ist nun mit deinen Befürchtungen? Befürchtungen sind Erwartungen mit einem negativen Vorzeichen. Das Universum schert sich allerdings nicht darum, ob deine Erwartungen nun positiv oder negativ sind. Es erfüllt sie. Auch dein Unterbewußtsein schert sich nicht darum; es kann ja nicht einmal zwischen beidem unterscheiden. Wenn du also etwas befürchtest, dann erwartest du es. Punkt. Und damit gilt das oben Gesagte ganz genauso.

„Wehe, meine schlimmsten Befürchtungen sind über mich gekommen!" klagt Hiob in der sogenannten Hiobsbotschaft der Bibel. Klar, welche denn sonst?

Was löst jetzt aber diese absolute Gewißheit in dir aus, die dich etwas Negatives oder etwas Positives erwarten läßt? *Warum* erwartest du überhaupt etwas?

Eine Erwartung oder Befürchtung ist nichts anderes als die aktuelle Summe deiner bisherigen Gedanken. Hast du viele Gruselschocker gelesen oder gesehen und dir dabei Gedanken der Furcht gemacht (und das geschieht zwangsläufig), dann ist es wahrscheinlich, daß du dich in entsprechenden Situationen zu fürchten beginnst. Sind deine Gedanken meistens von Sorge erfüllt, dann erwartest (= befürchtest) du ungünstige Umstände. Bist du ein oft positiv denkender Mensch, dann gehst du als Optimist, eben mit positiven Erwartungen durchs Leben.

Es liegt also an dir, welche Ereignisse du in dein Leben ziehst. Das Universum reagiert bejahend auf deine Erwartungen. Das, was du erwartest, tritt ein. (Es sei denn, du befürchtest, das könne nicht sein.)

Quintessenz der 19. Regel:

Das, was du erwartest, tritt ein

1. Erwarten heißt, an die Realisierung eines Ereignisses glauben.

2. Erwarten heißt, einem zukünftigen Ereignis jetzt schon Aufmerksamkeit schenken. Aufmerksamkeit richten = Energien konzentrieren, so daß sie sich wie unter einer Linse bündeln.

3. Erwartungen und Befürchtungen sind dem Wesen nach gleich. Befürchtungen sind Erwartungen mit einem Minus-Vorzeichen.

4. Alle Erwartungen nähren sich aus deinen bisherigen Erfahrungen. Also nimmst du mit deinen Erfahrungen Einfluß auf deine Erwartungen. Da du beeinflussen kannst, welchen Erfahrungen du dich aussetzt, beeinflußt du so auch die Art deiner Erwartungen.

5. Das Universum reagiert erstens immer auf deine Erwartungen und zweitens immer bejahend.
   Deine Umwelt ist somit immer der Spiegel deiner Erwartungen. Der Geist (also deine Überzeugung) geht voran, die Materie (dein Körper, dein Geld, deine Lebensumgebung etc.) folgt.

20. Regel: Du kannst dein Schicksal selbst verändern

Wann immer du etwas wahrnimmst (für wahr nimmst), denkst du einen entsprechenden Gedanken dazu. Du siehst eine Katze und denkst, da ist eine Katze. Denken ist ein elektrischer Prozeß im Gehirn. Durch dieses Prozeß wird immer – binnen Bruchteilen von einer Sekunde – ein begleitender chemischer Prozeß ausgelöst. Zu deinem Gedanken entsteht ein Gefühl. Du entwickelst immer ein Gefühl zu einem Gedanken, auch wenn dir das häufig gar nicht bewußt ist. Selbst bei einer mathematischen Gleichung hast du Gefühle, die durch dein Denken über diese Gleichung entstehen. Du siehst jetzt also nicht nur die Katze und denkst, da ist eine Katze, sondern du fühlst auch etwas – vielleicht Abneigung, vielleicht Zärtlichkeit, vielleicht Bedrohung, vielleicht Freude.

Dieses Gefühl nun ist ausschlaggebend für dein Verhalten in dieser Wahrnehmungssituation. Du streichelst die Katze, wenn sie dir sympathisch ist; du machst einen Bogen um sie, wenn du Katzen nicht magst.

DENKEN – FÜHLEN – TUN. Diese drei Schritte laufen immer in dieser Reihenfolge ab.

Selbst wenn du eine sogenannte rationale Entscheidung triffst, indem du logische Gründe abwägst und dein Verhalten entsprechend danach ausrichtest – letztlich ist dein Tun immer eine Folge deines Fühlens. In diesem Fall hast du ein gutes Gefühl bei deiner „rationalen" Entscheidung, denn sonst würdest du sie nicht treffen. Mit anderen Worten: *Jede* deiner Entscheidungen triffst du aufgrund irgendeines Gefühls.

Wenn du die Kaskade DENKEN – FÜHLEN – TUN in Bezug auf eine bestimmte Situation nun häufig genug wiederholst (siehe hierzu die **3. Regel:** *Beherzige das 21-Tage-Phänomen*), entwickelst du eine für diese Situation passende Gewohnheit. Du automatisierst dein Tun, du delegierst dein Tun an dein Unterbewußtsein, und künftig brauchst du über deine Reaktionen nicht einmal mehr nachzudenken. Du handelst einfach.

Jetzt sieht deine Kaskade so aus: DENKEN – FÜHLEN – TUN – GEWOHNHEIT. Deine Gewohnheiten, die du dir im Laufe deines Lebens selbst anerzogen hast oder die dir durch äußere Umstände vorgegeben wurden, bilden in ihrer Gesamtheit das, was wir Charakter nennen. Ein Sprichwort sagt: „Zeige mir deine Gewohnheiten, und ich sage dir, was für einen Charakter du hast." Dein Charakter, das ist deine Persönlichkeit, dein Wesenszug, dein „ich bin so".

DENKEN – FÜHLEN – TUN – GEWOHNHEIT – CHARAKTER. Dein Charakter ist demnach nichts Vorgegebenes, von der Natur quasi Mitgeliefertes, sondern das Ergebnis aus all deinen jemals gedachten Gedanken, den daraus entstandenen Gefühlen, den daraus erwachsenen Entscheidungen und Handlungen, den wiederum daraus entwickelten Gewohnheiten.

Diese Kaskade verfestigt sich auf jeder Ebene ein wenig mehr. Deine Gedanken sind flüchtig, dein Charakter ist schon eine relativ feste Größe. Die nächste und letzte Stufe dieser Kaskade ist dein Schicksal. Auf dieser Ebene nehmen wir uns selbst und das, was wir erleben, als unveränderlich – manche sagen: als gottgegeben – an. Nichts ist irriger als diese Annahme. Wenn du zu dir selbst sagst: „Das ist eben mein Schicksal, ich werde niemals ein großer Künstler sein, ich kann das eben nicht", dann zitierst du nur einen Glaubenssatz aus deinem Glaubenssystem.

Doch wenn die Kette DENKEN – FÜHLEN – TUN – GE-WOHNHEIT – CHARAKTER – SCHICKSAL in der einen Richtung funktioniert, dann muß sie auch in der anderen Richtung funktionieren. Und genau das ist MÖGlich (was bedeutet, daß du diesen Weg, die Kaskade hinauf, MÖGen = akzeptieren mußt). Siehe hierzu auch die **34. Regel:** *Lerne zu akzeptieren: sage ja.*

Wenn du dein SCHICKSAL verändern willst, ändere deinen CHARAKTER.

Wenn du deinen CHARAKTER verändern willst, ändere deine GEWOHNHEITEN.

Wenn du deine GEWOHNHEITEN verändern willst, ändere dein TUN.

Wenn du dein TUN verändern willst, ändere deine GEFÜHLE.

Wenn du deine GEFÜHLE verändern willst, ändere dein DENKEN.

Gedanken aber *kannst* du bewußt verändern. Denke anders, und du hast andere Gefühle. In der Folge handelst du anders, deine Gewohnheit ändert sich, dein Charakter wandelt sich und damit auch dein Schicksal.

Ob das wirklich so einfach ist, fragst du? Nun, was *denkst* du?

Quintessenz der 20. Regel:

Du kannst dein Schicksal selbst verändern

1. Was du wahrnimmst, ist das, was du für wahr nimmst.

2. Dein Schicksal vollzieht sich einer Kaskade gleich: vom DENKEN über das FÜHLEN zum TUN hin zur GEWOHN-HEIT über den CHARAKTER bis zum SCHICKSAL und umgekehrt.

3. Jede Stufe der Kaskade löst die nächst tiefere aus. Jede tieferliegende läßt sich verwandeln, indem du die nächst höhere veränderst.

4. Die höchste Stufe – das DENKEN – ist die flüchtigste Er-scheinung. Die tiefst gelegene – dein SCHICKSAL – ist die festeste Erscheinung.

5. Alle Entscheidungen, die du triffst, leiten sich aus dieser Kaskade ab:

$$\begin{array}{l} \text{DENKEN} \\ \quad \text{FÜHLEN} \\ \qquad \text{TUN} \\ \qquad\quad \text{GEWOHNHEIT} \\ \qquad\qquad \text{CHARAKTER} \\ \qquad\qquad\quad \text{SCHICKSAL} \end{array}$$

Dein Schicksalsbewußtsein fließt wiederum permanent in deine Wahrnehmung und damit in dein Denken ein. So kreierst du deine „Wirklichkeit".

21. Regel: Das, was du am meisten magst, ist das, was du am besten vermagst

Martin Luther erfand einst den Begriff *Beruf*. Für ihn ging an jeden Menschen eine *Berufung* aus. Der Mensch wurde von Gott berufen, sich einer bestimmten Tätigkeit oder Sache zu verschreiben.

Wie bist du zu deinem gegenwärtigen Brot*erwerb* gekommen? Gehst auch du – wie weltweit viele Millionen Menschen – einem Job nach, der dir zwar nicht unbedingt gefällt, dich vielleicht sogar manchmal anödet, den du aber trotzdem machst, weil du ja schließlich von irgend etwas leben mußt?

Wenn ich dich bitte, einmal die fünf Tätigkeiten zu nennen, die dir am meisten Spaß machen – ist bei diesen fünf deine gegenwärtige Arbeit dabei? Wenn nein, dann „spielst" du weit unterhalb deiner Möglichkeiten. Eine MÖGlichkeit ist – wie die Wortzusammenstellung verrät – sinnigerweise etwas, das wir MÖGen können sollten, wenn wir uns darauf einlassen. Die Worte, die wir oft so achtlos verwenden, besitzen meist eine zweite, tiefere Bedeutung.

Es gibt immer Dinge, die wir gern tun, und andere, die wir weniger gern tun. Interessanterweise besitzen wir Menschen aber immer auch eine *Neigung* zu den Dingen, die wir gern tun. Wir wenden uns ihnen lieber zu als anderen Tätigkeiten, wir begegnen ihnen also mit *Zuneigung* und *Zuwendung*.

Wir mögen sie. Wir achten mehr auf sie. Wir schenken ihnen mehr Aufmerksamkeit. Und damit Energie. Wenn wir diese Dinge, die wir gern tun, sehr mögen, vergessen wir oft sogar die Zeit darüber. Wir können dann uns gar nicht genug damit beschäftigen. Du kämst wahrscheinlich nicht einmal auf die Idee, diese spezielle Tätigkeit „Arbeit" zu nennen.

Und noch etwas ist sonderbar: Das, was wir gern tun, erledigen wir auch immer gut. *Es* ist es uns wert – *wir* sind es uns wert, hierbei sorgfältiger, qualitätsbewußter zu sein, ohne daß wir das als besondere Anstrengung empfänden.

Wenn du etwas gut kannst, dann ist es mit hoher Wahrscheinlichkeit auch etwas, das du gut findest, etwas, das du magst. Wenn du etwas gut kannst, gibt es zudem immer jemanden, der das bemerkt, und immer jemanden, der genau diese Fertigkeit dringend benötigt. Er hat deine Fertigkeit nämlich nicht, während es für dich eine Leichtigkeit ist, diese Dinge zu erstellen oder diese Leistung zu erbringen. Du findest es sogar spannend, das, was du gut kannst, immer weiter zu erproben und zu perfektionieren.

VerMÖGEN kommt demnach von *mögen*. Frage jeden, der ein Vermögen erworben hat – sei es nun finanzieller oder geistiger Art –, ob er die Tätigkeit, die damit verbunden ist, schätzt. Du wirst immer ein „ja" als Antwort bekommen.

Deshalb besteht die leichteste – und schnellste – Art, ein Vermögen zu erwerben, darin, dir etwas auszusuchen, das dir Spaß macht. Das kann eine Tätigkeit sein, ein Spezialgebiet, ein besonderer Ort. Kinder lernen unter anderem deswegen so schnell und viel, weil sie spielerisch und voller Freude mit dem Lernstoff umgehen.

Suche dir also eine Tätigkeit aus, die dir Spaß macht, und widme dich ihr voller spielerischer Leichtigkeit. Denn wenn du beginnst, dich dabei anzustrengen, heißt das, es beginnt dir schwerzufallen. Energetisch gesehen drückst du damit gegen eine

Wand, und die Wand drückt mit genau derselben Kraft zurück (lies hierzu bitte auch die **5. Regel:** *Es gibt immer eine Lösung*).

Wenn du deine Aufmerksamkeit auf etwas richtest, das dir Spaß macht, fällt es dir besonders leicht, die dafür nötige Konzentration zu entwickeln. Tust du dagegen den ganzen Tag über etwas, das du ablehnst, lenkst du dich bei jeder sich bietenden Gelegenheit ab. Deine Aufmerksamkeit ist also nicht bei deinem Tun, sondern woanders. Und deshalb wächst nichts unter deinen Händen, weil deine Energie in deinen Ablenkungen verpufft. (Vergleiche hierzu bitte auch die **6. Regel:** *Das, worauf du deine Aufmerksamkeit richtest, wächst*).

Leistung und Befriedigung gehen Hand in Hand. Willst du irgendworin Höchstleistungen erbringen, ist die einzige Voraussetzung dafür – wie logisch – das Höchstmaß an Mögen: Du mußt deine Tätigkeit regelrecht lieben!

Die rechten (= richtigen) Regeln zu diesem „regelrecht" hältst du mit den Universellen Lebensregeln gerade in Händen.

Quintessenz der 21. Regel:

Das, was du am meisten magst, ist das, was du am besten vermagst

1. Vermögen kommt von mögen.

2. Wohin du dich nEIGst, ist auch das, wofür du dich EIGnest.

3. Wenn du tust, was dir Spaß macht, ist es für dich keine Arbeit, sondern Vergnügen.

4. Arbeiten bedeutet, etwas zu tun, das dir keinen Spaß macht.

5. Das, was du gut machst, ist immer auch das, was du gern tust.

22. Regel: **Folge deiner Intuition**

Du hast schon von der sprichwörtlichen „weiblichen Intuition"
gehört, was so natürlich Unsinn ist. Als wäre logisches Denken
männlich herr-lich und intuitives Ahnen *damen*typisch *däm*-lich.
Es gibt weder eine weibliche noch eine männliche, sondern nur
die Intuition, die jeder von uns besitzt. Nur nicht jeder wendet
sie auch an. Daß wir von der weiblichen Intuition reden, hat
hauptsächlich mit Folgendem zu tun: Intuition ist kein bewußter
Denkvorgang, sondern uns steht hier ein Wissen plötzlich zur
Verfügung, dessen Herkunft unserem logischen Bewußtsein
(worauf „mann" so stolz ist) völlig unverständlich ist und ihm
somit höchst suspekt erscheint.

Hast du auch schon im Auto an einer Kreuzung gestanden
und plötzlich den Gedanken gehabt, es sei *jetzt* richtig, von
deinem gewohnten Weg abzuweichen und eine andere als die
sonst übliche Route zu nehmen? Wahrscheinlich hast du wie
so viele reagiert, nämlich mit den Schultern gezuckt und „so
ein Blödsinn" gedacht. Dann bist du deinen gewohnten Weg
weitergefahren und standest wenig später im Stau oder hattest
gar einen (Beinahe-)Unfall.

Es ist, als ob du aus dem Moment heraus weißt, was richtig
ist. Doch schon im nächsten Moment schaltet sich dein Verstand
ein und nennt dich idiotisch oder Schlimmeres, wenn du auch
nur halbwegs überlegst, dieser „inneren Stimme" zu folgen.
Dabei drücken die Vorhaltungen deines Verstandes, oder besser deines Egos, nur dessen Angst aus, die Kontrolle zu verlieren. Frei nach dem Motto: „Wo kämen wir denn hin, wenn
wir jeder Ahnung dasselbe Recht zuerkennen würden wie

meinen ach so logischen Folgerungen?" So ähnlich denkt dein Verstand.

Wie so oft nimmt sich auch hier dein Verstand viel zu wichtig. Bitte merke dir: *Du bist nicht dein Verstand.* Du hast einen, der dir in bestimmten Situationen helfen soll. Er hat in etwa die Funktion (und den Stellenwert) eines Taschenrechners, der fest eingebaut ist und ganz gut rechnen und vergleichen kann. Mehr nicht. Du aber bist mehr. Viel mehr. Denn du bist die Summe aus beidem: aus deinem Bewußtsein *und* deinem Unterbewußtsein.

Dabei ist deine Intuition nur die Sprache, in der dein Unterbewußtsein mit dir kommuniziert. Es nimmt so viel mehr an Informationen auf als dein armer bewußter Verstand. Es verarbeitet sie so viel schneller als dein bewußtes Denken, daß diesem schon ein bißchen Angst und Bange werden kann. Auf eine Länge übertragen, mißt deine bewußte Informationsaufnahme und -verarbeitung 15 Millimeter. (Quelle: Thor Norretranders: SPÜRE DIE WELT, siehe Literaturliste). Im selben Maßstab auf eine Länge übertragen mißt deine unbewußte Informationsaufnahme und -verarbeitung sage und schreibe 11 Kilometer! Kein Wunder, daß dein Verstand sich ein bißchen klein vorkommt und das gern kompensiert, indem er dir erklärt, was für einen Blödsinn dein Unterbewußtsein mit seiner jüngsten intuitiven Eingebung jetzt schon wieder verzapft hat.

Dabei ist es wichtig zu wissen: Alle erfolgreichen Menschen sind durch die Kraft ihres Unterbewußtseins und *nicht* durch die Überlegenheit ihres Intellekts erfolgreich geworden.

Intuition heißt so viel wie „innen anschauen, innen sehen". Die intuitive Eingabe kommt also aus deinem Inneren, ist ein Teil von dir und vielleicht sogar – wenn du sie zuläßt – dein wichtigstes und wertvollstes Werkzeug. Folge deiner Intuition heißt vor allem, ihr zuzuhören, wenn sie spricht. Aber wie?

Achte auf deine Umgebung. *Sei wachsam*, wie es die **14. Regel** empfiehlt. Fällt dein Blick wiederholt auf einen Gegenstand, sieh ihn dir genauer an. Er könnte wichtig sein.

Begegnet dir eine Person, die du vielleicht gar nicht kennst, innerhalb kurzer Zeit mehrmals? Sprich sie an, erkläre ihr deine Verwunderung über diesen „Zufall" und komme mit ihr ins Gespräch. Sehr oft erfährst du dann etwas, was sich für dich in deiner augenblicklichen Situation als bedeutsam erweist.

Schlage Hinweise wie den oben erwähnten – einen anderen Weg als den üblichen zu wählen – nicht leichtfertig in den Wind. Nimm den anderen Weg! Nimm das andere Verkehrsmittel! Warnungen dieser intuitiven Art haben immer einen realen Hintergrund.

Fühlst du dich von einem Buch wie magisch angezogen? Kaufe es und *lies es!*

Hast du das Gefühl, jemandem vertrauen zu können? Tu es, auch wenn dein Verstand wieder einmal Angst hat, die Kontrolle zu verlieren.

Deine Intuition weiß es besser. Folge deiner Intuition!

Quintessenz der 22. Regel:

Folge deiner Intuition

1. Du bist nicht dein Verstand. Du hast einen, der dich unterstützen soll, indem er rechnet und vergleicht, prognostiziert und extrapoliert.

2. Der Verstand hat immer Angst, die Kontrolle zu verlieren. Deshalb darfst du ihm nie die Kontrolle überlassen. Hat er einmal kurzfristig die Kontrolle übernommen, meint er, er allein *sei* du, und nennt sich fortan Ego. Er will die Macht um jeden Preis behalten, und das heißt, die Kontrolle zu behalten. Da er Angst hat, bekämpft er alles, was nicht aus ihm oder von ihm ist. Aus der Angst heraus macht er Fehler. Das schürt noch mehr seine Angst, und er macht noch mehr Fehler.

3. Deine Intuition ist eine Funktion deines Unterbewußtseins. Sie arbeitet schneller und präziser als dein vergleichsweise träger Verstand. Deshalb hat dein im Verhältnis von 15 mm zu 11 km nur winzig kleiner Verstand besonders Angst vor deiner Intuition und bekämpft sie mit allen Mitteln. Wenn gar nichts mehr hilft, dann bekämpft er sie, indem er dir die logischen Argumente für *deine* Ängste und Befürchtungen liefert.

4. Die Intuition ist dein wichtigstes Werkzeug. Sie spricht mit ganz leiser Stimme, während dein Verstand (vor *lauter*

Verzweiflung über das viele Unvorhersehbare) krakeelt und deine Intuition so oft übertönt. Lerne, auf diese leise Stimme zu hören.

5. Auf deine Intuition zu hören und ihr zu folgen bedeutet, synchronistische Fügungen (nach C. G. Jung) zu erleben. Fügungen sind Ereignisse, die sich fügen, weil sie zusammen gehören. Dein Verstand hat davor am meisten Angst, weil er dafür keine logische Erklärung findet. Du denkst an einen alten Bekannten, den du lange nicht gesehen hast, betrittst ein Geschäft ohne Grund, einfach, weil es dich „wie magisch" anzieht, und genau dort steht dein alter Bekannter und macht wie du ein verblüfftes Gesicht. Allein bei dieser Vorstellung zittert dein Verstand, und er schreit ungläubig: „So etwas gibt es nicht!"

Aber du hast Ähnliches schon erlebt, nicht wahr? Wenn du jetzt von Zufall sprichst, lies dringend die **29. Regel**: *Es gibt keinen Zufall*!

23. Regel: Du bist, was du ißt

Woher weißt du, ob du in einem energetisch reichen Zustand bist?
Die Antwort ist: Du *fühlst* dich gut. Wenn du dich gut fühlst,
bist du durch einen der folgenden Wege in einen energetisch
reicheren Zustand gelangt. Die Wege sind:

1. die Nahrungsaufnahme
2. das Denken
3. der (negative Folgen auslösende) Energie-Diebstahl
4. die Konzentration auf die Schönheit

Alle Wege werden in den UNIVERSELLEN LEBENSREGELN
beschrieben. Der scheinbar einfachste Weg scheint die Nahrungsaufnahme zu sein. Doch wenn er wirklich so einfach zu
handhaben wäre, warum gibt es dann die vielen Übergewichti-
gen, die sich offensichtlich falsch ernähren?

Wenn du dich nach einem Essen *nicht* gut fühlst, obwohl es
dir geschmeckt hat, sollte das dir ein deutliches Warnzeichen
dafür sein, daß hier etwas mit deiner Nahrung oder mit deinen
Essgewohnheiten, oder mit beidem nicht stimmt. Wenn du – als
Folge deiner Mahlzeit – Völle*gefühle* und Verdauungsbeschwer-
den hast oder gar Übelkeit *empfindest*, dich matt und müde
fühlst, dann untersuche einmal genau, WAS du da gegessen
hast, WANN du es gegessen hast und WIE. Im Anhang findest
du einen Leitfaden für deine Ernährung, in dem ich dir diese
drei wichtigen Größen verdeutliche.

Dein Grundprinzip sollte in Zukunft sein: Je besser (= wohler)
du dich während und nach einer Mahlzeit fühlst, desto mehr

Energie hast du aufgenommen. Je mehr Energie du überhaupt aufnimmst, desto weniger Nahrung benötigst du. Das heißt konkret: Wenn du viele positive Gedanken hast, wird dein FÜHLEN sich ins Positive verändern. Fühlst du dich gut, bist du in einem energetisch reicheren Zustand.

Wenn du dich auf die Schönheit deiner Umgebung konzentrierst, lädst du dich gleichfalls mit Energie auf. Als Folge davon benötigt dein Körper weniger Nahrung, um zu existieren. Es gibt genügend Beobachtungen unter indischen Yogis und tibetischen Mönchen, die das zweifelsfrei belegen. Diese Menschen kommen mit sehr wenig Nahrung aus, weil sie sich ihre Energie auf andere Weise beschaffen. Hierzu empfehle ich dir unbedingt die Lektüre der CELESTINE-Bücher von James Redfield (siehe Literaturliste). Wir alle haben diese Fähigkeit, dazu mußt du kein Yogi oder Mönch sein. Wir nutzen sie nur nicht, weil uns niemand darin unterwiesen hat. Oder wir nutzen sie falsch, indem wir anderen (ohne uns dessen bewußt zu sein) deren Energie stehlen.

In der **32. Regel:** *Bewege deinen Körper* führe ich aus, daß wir buchstäblich aus Energie bestehen. Weil das so ist, *können* wir Energie tatsächlich auch auf anderen Wegen bekommen als nur durch die Nahrung.

Wenn du zum Beispiel einmal verliebt warst, weißt du, was ich mit „Energie auf anderen Wegen bekommen" meine. Du scheinst wie auf Wolken zu schweben, du fühlst dich gut. Du hast so reichlich Energie, daß du kaum Nahrung benötigst. *Sie lebten von Luft und Liebe* ist darum mehr als nur ein Sprichwort. Dasselbe erlebst du, wenn du anderen Menschen hilfst. Nächstenliebe ist auch Liebe.

Alle Nahrung, die du ißt, wird von deinem Körper in körpereigene Materie und diese wiederum je nach Bedarf in Energie umgewandelt. Es ist logisch: Je wertvoller deine Nahrung ist, desto mehr Energie kann dein Körper – und über deinen Körper dein Geist – daraus beziehen. Wenn du dein Auto mit minderwertigem Benzin betankst, wird dein Motor als Energielieferant viel schwerer arbeiten müssen, weniger Leistung erbringen und deutlich früher verschleißen. Tankst du wertvollen Treibstoff, schonst du den Motor, er hält länger und treibt dein Auto zudem kraftvoller an. Beim Auto leuchtet uns das unmittelbar ein, bei uns selbst seltsamerweise nur schwer.

Da dein Körper sich in festen Zyklen selbsttätig erneuert (dein Blut hat sich nach 120 Tagen ausgetauscht, deine Haut ist nach sieben Jahren vollständig ersetzt, etc.), bestehst du wortwörtlich aus dem, was du zuvor gegessen und getrunken hast. Du *bist*, was du *ißt*. Das gilt auch für alle Stoffe, die über die Haut in unseren Körper gelangen, also alle Pflegeprodukte und Kosmetika. Wie *wertvoll* sind sie? Je wertvoller die Dinge sind, die du da *in dich hineinläßt*, desto mehr Energie bekommst du. Wähle sie darum sorgfältig aus. Am Essen sparen ist Armuts*denken* pur.

Und beachte bitte: In dich hinein läßt du auch Gedanken – und von außen über die Medien, über Gespräche mit anderen. Hier bekommst du oft schlechte geistige Nahrung vorgesetzt, und auch in diesem Fall gilt: Du bist, was du (geistig) ißt.

Quintessenz der 23. Regel:

Du bist, was du ißt

1. *Nah*-rung ist das, was dir nah kommen darf und soll.

2. Es gibt materielle und immaterielle, sprich geistige Nahrung.

3. Je wertvoller deine Nahrung ist, desto mehr Energie kann dein Körper – und über ihn dein Geist – daraus beziehen. Am Essen sparen ist Armutsdenken pur.

4. Dein „Anzeigeinstrument" für das, was du gerade brauchst, ist dein *Appetit*. Dein „Anzeigeinstrument" dafür, ob das, was du zu dir genommen hast, gut für dich war, ist dein *Wohlgefühl* nach dem Zuführen der Nahrung (der gegenständlichen wie der geistigen). Stimmen beide nicht überein (du hattest Appetit auf etwas, nach dessen Verzehr du dich unwohl fühlst), dann nutze dein Wohlgefühl, um deinen Appetit für die Zukunft neu auszurichten.

5. Je mehr Energie du dir auf anderen Wegen zuführst[*], desto weniger Nahrung mußt du zu dir nehmen. (Lies hierzu bitte unbedingt auch die **35. Regel:** *Achte auf die Schönheit*).

---

[*] Die beste Anleitung hierzu, die ich kenne, findest du in den Büchern von James Redfield beschrieben und erklärt:

DIE PROPHEZEIUNGEN VON CELESTINE, DIE ZEHNTE PROPHEZEIUNG
DIE VISION VON CELESTINE, DAS GEHEIMNIS VON SHAMBALA, sowie
in den dazugehörenden ARBEITSBÜCHERN.

24. Regel: **Tu was du willst**

Um eines vorweg zu schicken: Ich rede hier keineswegs grenzenlosem Egoismus das Wort. Vielmehr steht hinter diesen vier Worten meine Botschaft: Finde deine Lebensaufgabe, und dann lebe sie!

Frage dich einmal ehrlich: Tust du in deinem Beruf, was du willst? Und willst du auch, was du tust? Mußt du eine von beiden Fragen verneinen, lebst und arbeitest du weit unterhalb deiner Möglichkeiten.

Warum ist es so wichtig, zu tun, was du willst? Vermögen kommt von mögen (lies hierzu bitte auch die **21. Regel:** *Das, was du am meisten magst, ist auch das, was du am besten vermagst*). Du bist nur gut in dem, was du gerne tust. Deine Eignung (was dir eigen ist) geht immer in Richtung deiner Neigung, also dem Bereich, dem du dich zuneigst. Das Gegenteil davon ist Abwendung.

Das TUN: Was du tust, ist egal, wenn es dir denn Befriedigung verschafft. Befriedigendes Tun ist Freude erleben. Hast du deine Lebensaufgabe identifiziert und lebst du sie, dann wird dich die Beschäftigung damit sogar erfüllen. Du bekommst den Sinn deines Lebens dann durch dein Tun – deine Erfüllung. Jede andere Form der dauerhaften Tätigkeit, insbesondere einer, die du innerlich ablehnst, raubt dir Energie. Dann wird aus Freude Arbeit, ein Müssen ohne tieferen Sinn. Beruf aber kommt von Berufung. Es ist ein Dürfen, aus dem sich Dankbarkeit ableitet über die MÖGlichkeit, es zu tun. DANK und Ge-DANK-e sind übrigens etymologisch eng verwandt.

Das WAS: Deiner Einmaligkeit zufolge hast du die dir innewohnenden Anlagen, etwas Einmaliges zu tun. Niemand ist dafür so geeignet wie du, niemand kann genau dein Verständnis dieser einen Sache entwickeln. Wenn du nach dem Was suchst, sieh auch einmal bei deinen Fehlern und Schwächen vorbei. Sehr oft sind unsere größten Unzulänglichkeiten, unsere größten Schwächen, zugleich unsere größten Stärken. Denn wir haben uns (unbewußt) gerade für diese unsere Schwächen entschieden, weil sie uns etwas ganz Bestimmtes zeigen helfen. Deine Faszination für Themen, Orte, Gegenstände und Personen ist wie ein „Peil-Empfänger", der dich zu deiner Lebensaufgabe zu führen vermag. Erkenne, was immer wieder dein Interesse erregt, und du erblickst das Feld, in dem deine Lebensaufgabe auf dich wartet.

Das DU: Du lebst *dein* Leben. Nicht das deiner Frau, nicht das deines Mannes, nicht das deiner Kinder, nicht das deines Chefs, deiner Eltern oder das von sonstwem. Und: *Du* lebst es. Niemand sonst kann das. Du bist dafür verantwortlich, während deiner irdischen Zeit deine dir gemäße Form von Erfüllung zu finden. Frage dich: Lebst du selbst, oder wirst du gelebt? Bestimmen andere, wo du lang gehst, oder weist du dir selbst den Weg? Wenn du erst am Anfang stehst und feststellst, daß es im Moment noch viele andere gibt, die dir sagen, was du zu tun hast, so bedenke – das funktioniert nur, weil du dir sagen *läßt*, was du zu tun hast. Einen Weg, um dich von dieser Fremdbestimmtheit (die durch dein Denken überhaupt erst möglich geworden ist) fortzuentwickeln, hältst du gerade in der Hand. Wenn gar nichts mehr gehen will, dann halte dich einfach konsequent an die UNIVERSELLEN LEBENSREGELN. Es ist wirklich so einfach.

Das WOLLEN: das Geheimnis des Könnens liegt im Wollen (lies hierzu bitte auch die **1. Regel:** *Du kannst im Leben alles* *haben, was du willst*). Dieses Wollen muß aus dir selbst kommen. Kommt es aus dir selbst, ist es also kein fremdes, aufgepfropftes Verlangen, dann besteht es immer aus zwei Bausteinen. Erstens aus der Flamme deiner Begeisterung. Je heller sie lodert, desto stärker fließt der Vitalstrom (oder *vaya*) in dir. Und zweitens aus der Klarheit deiner Vorstellung. Je deutlicher deine Vorstellung – deine Vision – ist, desto leichter fällt dir die Umsetzung im Tun. Die *Flamme* der Begeisterung und eine *klare* Vorstellung: beides sind – es gibt keinen Zufall – Umschreibungen aus der Welt des Lichts.

Tu was du willst ist gleichsam die Kurzfassung[*] aller 36 Regeln. Verstößt du auch nur gegen einen der vier Bereiche, baust du in dir selbst und um dich herum hohe Widerstände auf, die dein Leben anstrengend machen oder es gar zugrunde richten können.

Dann wirkt die Realisierungsformel $R = E^2 A L$ der **30. Regel** gegen dich. *Tu was du willst* meint: Tu, was dir wesensgemäß ist. Darauf wartet das Universum. Denn nur darum bist du hier

---

[*] *Tu was du willst* ist zugleich auch der Weg hin zu deiner Lebensaufgabe. Ich halte darum diese Regel für die essentiellste von allen. Vgl. dazu mein Buch „Tu was du willst", Aachen 2009, siehe im Anhang unter: „Weitere Bücher vom Omega-Verlag".

Quintessenz der 24. Regel:

Tu was du willst

1. Dies ist die Kurzfassung aller 36 UNIVERSELLEN LEBENS-REGELN.

2. Dein TUN, dein WAS, DU selbst und dein WOLLEN – das sind die vier Bereiche, in denen du dein Leben realisierst. Verstößt du gegen nur einen der Bereiche, baust du in dir und um dich herum hohe Widerstände auf, die dich anstrengen, die dich unglücklich machen oder sogar krank machen können. Im Extremfall richtest du dich damit selbst zugrunde.

3. Erfüllung findest du nur in der Erfüllung deiner Lebensaufgabe. Dazu mußt du sie suchen, finden, akzeptieren und mit Leben füllen.

4. Dein Leben gehört dir. Niemand außer dir kann es leben. Nimmst du die Verantwortung dafür nicht an, wirst du gelebt werden. Du wirst dann stets ein Opfer sein – weil du es zuläßt und solange du es zuläßt.

5. Wenn gar nichts mehr geht, halte dich einfach stur an die Regeln. Halte dich konsequent daran. Mache deine Erfahrungen. Und wenn sie dir gefallen, befolge die Regeln weiterhin und mache sie zu deiner Lebensphilosophie. Gib sie anderen, wenn du magst, oder gehe deinen eigenen Weg. Hauptsache, du tust, was immer du willst.

25. Regel: Wenn du zu wenig Zeit hast, überprüfe deinen Raum

In den Industrieländern klagen fast alle Menschen über zu wenig Zeit. Gemeint ist ein Gefühl der *Enge*. Manche lesen zu diesem Thema Bücher, andere besuchen Seminare, bei denen sie lernen, effektiver zu arbeiten. Am Ende schaffen sie es, mehr Arbeit in die zur Verfügung stehende Zeit zu quetschen. War das aber das Ziel? Nein, denn sie haben immer noch zu wenig Zeit, dafür aber mehr Arbeit als vorher.

Jetzt gibt es nur noch zwei Möglichkeiten: 1. schneller arbeiten oder 2. länger arbeiten. Beide Wege haben Folgen. Wenn du schneller arbeitest, macht du mehr Fehler, die dich im nachhinein Zeit kosten. Wenn du länger arbeitest, kostet es dich sofort Zeit, die du zur Regeneration dringend bräuchtest. Du machst also später Fehler, die dich dann Zeit kosten. Egal welchen Weg du wählst, du spielst Hamster im Rad. Weder schnelleres Laufen noch längeres Laufen bringt dich auch nur einen Meter weiter.

Was kannst du also tun, wenn du meinst, daß dir die Zeit unter den Fingern verrinnt? Tritt zunächst einmal einen Schritt zurück und betrachte das Ganze gleichsam von oben. Seit Einstein wissen wir, daß sich das Universum aus drei Grund-"Elementen" zusammensetzt: aus *Raum*, aus *Energie* und aus *Zeit*. Die drei Größen stehen in bestimmten Verhältnissen zueinander. Wenn du dich räumlich verändern willst, brauchst du dazu immer Energie und Zeit. Stell dir vor, du willst 100 Meter zurücklegen. Hast du viel Energie, brauchst du nur wenig Zeit. Hast du viel Zeit, brauchst du nur wenig Energie. Es läuft auf die Formel hinaus: $R = E \times Z$ (Raum ist gleich Energie mal Zeit).

Nun ist Raum als Größe sehr unanschaulich. Ich habe mir damit geholfen, von *Raumharmonie* zu sprechen. R wird größer, wenn die Raumharmonie zunimmt. Das kann Ordnung am Arbeitsplatz und an anderen Orten sein, aber auch Harmonie in deiner Einrichtung (Farben, Möbel, Stoffe), Harmonie mit deinen Mitmenschen und Harmonie in dir selbst.

Die Formel

Raumharmonie = Energie x Zeit = R = E x Z

kannst du leicht nach Z umwandeln:

$$\text{Zeit} = \frac{\text{Raumharmonie}}{\text{Energie}} \; = \; Z \; = \; \frac{R}{E}$$

Daran siehst du: Wird R (die Raumharmonie) größer, nimmt Z (die Zeit) ebenfalls zu. Z wird auch größer, wenn E kleiner wird.

Und hier liegt der Irrtum vieler Menschen, die glauben, mit ungeheurem Arbeits/Energieeinsatz (E) Zeit gewinnen zu können. Wird E nämlich größer, wird der Bruch insgesamt kleiner, also nimmt Z (die Zeit) rapide ab. Um es auf eine einfache Aussage zu verkürzen: *Je weniger du dich anstrengst, desto mehr Zeit hast du.* (Im extremsten Fall wird das deutlich: Stell' dir einmal vor, jegliche Anstrengung einzustellen. Tu rein gar nichts mehr. Was geschieht? Innerhalb kürzester Frist hast du dann ganz viel freie Zeit.)

Und die zweite Aussage dazu lautet: *Je höher deine Raumharmonie ist* (gemeint ist die räumliche/örtliche Umgebung, in der du dich gerade befindest), *desto mehr Zeit hast du.* Genauer: Dein Gefühl, gehetzt zu werden, nimmt im selben Maße ab.

Also: wenn bei dir Disharmonie im Raum vorherrscht, kostet dich das immer Zeit. Wenn dir viele Hindernisse im Weg liegen, dauern die 100 Meter länger. Du kannst an vier „Schrauben" drehen:

1. *Bringe Harmonie in dein gegenständliches Chaos.* (Räume auf, ordne, verschaffe dir Übersicht).

2. *Bringe Harmonie in deine räumliche Umgebung.* (Verschaffe dir eine schöne Umgebung, in der du dich wirklich [d. h. du spürst die Wirkung] wohlfühlst. Je wohler du dich fühlst, desto weniger Energie mußt du einsetzen [E wird kleiner]. Nutze angenehme Farben, Formen, Stoffe, Musik – letztere nennt man ja auch Harmonielehre –, lerne die chinesische Lehre des Feng Shui kennen).

3. *Bringe Harmonie in deine Beziehungen.* (Manchmal ist das nicht tiefgreifend genug möglich. Dann solltest du dir überlegen, wie du die Beziehung schnellstmöglich beenden kannst. Auch Arbeits*plätze* [ein Raumbegriff!] kann man wechseln. Es ist deine Zeit, die da sinnlos verrinnt.

4. *Bringe Harmonie in deinen inneren Raum,* in deine Gedanken und Vorstellungen. Frage dich, was du von außen an negativen Nachrichten, Klagen, Filmen, Büchern in dich hineinläßt. (Lies bitte hierzu ebenfalls die **9.** und die **10. Regel.**)

Schneller und/oder länger laufen – das ist E vergrößern und damit unsinnig. Weniger anstrengen (spielerischer, leichter leben), das ist E verkleinern. Erhöhe auch R, und das Gefühl der *Enge* vergeht.

Quintessenz der 25. Regel:

Wenn du zu wenig Zeit hast, überprüfe deinen Raum

1. Zu wenig Zeit ist kein Mangel an Zeit, sondern stets ein Mangel an Raumharmonie.

2. Wenn du versuchst, schneller zu sein, oder wenn du versuchst, länger zu arbeiten, um so mehr zu schaffen – beides ist ein ungeheurer Arbeitseinsatz. Es vergrößert deinen Energie-Einsatz und ist nach der Formel $Z = R / E$ unsinnig. Je mehr Energie du einsetzt, desto kleiner wird der Bruch und damit Z (die Zeit, genauer: dein Zeit*empfinden*).

3. Richtig ist: Erhöhe R und/oder senke E in der Formel $Z = R / E$. Die Formel bedeutet: Zeitempfinden = Raumharmonie / Energieeinsatz.

4. Die Raumharmonie kannst du in vier Bereichen erhöhen (und damit den Bruch größer machen):
   1. Bringe Harmonie in dein gegenständliches Chaos.
   2. Bringe Harmonie in deine räumliche Umgebung.
   3. Bringe Harmonie in deine Beziehungen.
   4. Bringe Harmonie in deinen inneren Raum.

5. Je weniger du dich anstrengst, desto mehr Zeit(-empfinden) hast du. Strengst du dich dagegen immer weiter an, scheint deine Zeit immer schneller zu rasen. Das heißt: Je spielerischer, freudiger du einer Tätigkeit nachgehst, desto mehr Zeit

scheint dir dafür zur Verfügung zu stehen. Effektiv schaffst du in einer spielerischen, freudigen Umgebung mehr als in einer anstrengenden.

26. Regel: Wenn du bedrückt bist, so tue etwas anderes

Diese UNIVERSELLE LEBENSREGEL gründet sich auf ein asiatisches Sprichwort: *Bist du bedrückt, so tue etwas; tust du schon etwas, so tue etwas anderes.*

Stelle dir einmal einen orientalischen Lastträger vor, der mit Steinen schwer bepackt seines Weges zieht. Die Last drückt ihn nieder, sie bedrückt ihn. Doch er kann seinen wenig beneidenswerten Zustand augenblicklich ändern, indem er die Last losläßt. In diesem Moment hat er etwas anderes getan, und das, was ihn bedrückte, ist verschwunden. Die Lösung liegt eben immer im Loslassen.

Und so wie es dem Lastträger mit seinen Steinen ergeht, so ergeht es uns mit unseren Sorgen, unseren Kümmernissen und Problemen. Tue etwas anderes als gerade eben noch, und auch diese Lasten verschwinden. Vielleicht nicht augenblicklich, aber doch innerhalb kürzester Zeit. Warum ist das so?

Wenn dich etwas bedrückt, dann umschreibst du damit deine *Einstellung* zu etwas. Dein Tun in dieser Situation ist dein *Verhalten*. (Lies hierzu bitte die **12. Regel:** *Sei immer ein Verwerter*). Verhalten und Einstellung entsprechen sich stets, weil beide permanent von deinem Unterbewußtsein auf Stimmigkeit geprüft werden. Veränderst du eines von beiden, wird wenig später das andere angeglichen, ganz ohne dein bewußtes Zutun. Willst du deine Einstellung ändern, ändere bewußt dein Verhalten. Willst du dein Verhalten ändern, ändere bewußt deine Einstellung. Dieses Wechselspiel kannst du ausprobieren – und zu deinem Vorteil ausnutzen.

Angenommen, du sitzt auf deiner Couch, und du fühlst dich mies. Du möchtest gern ein anderes Gefühl verspüren. Also ändere dein Verhalten. Steh auf, spiele ein fröhliches Musikstück, tanze im Raum herum. Lache oder lächle zumindest, auch wenn dir im Moment gar nicht nach Lachen zumute ist. Dann tu eben so als ob. Dein Unterbewußtsein prüft regelmäßig dein Verhalten im Verhältnis zu deiner Einstellung, und es wird deine Einstellung deinem offensichtlichen Verhalten anpassen.

Wenn du bedrückt bist, so tue etwas anderes meint, du änderst einfach deinen physiologischen (körperlichen) Zustand, und in der Folge verändert sich dein psychologischer Zustand von ganz allein. Ganz ohne Therapie, und ganz ohne Therapeut.

Achte also in negativen Stimmungen, die uns alle hin und wieder überkommen, in Zukunft darauf, was du gerade tust (auch Nichtstun ist ein Tun, auch etwas lassen ist ein Tun), und dann ändere es! Lies bitte auch die **20. Regel:** *Du kannst selbst dein Schicksal verändern.* Dein TUN verändert dein FÜHLEN, und dies wiederum dein DENKEN.

Wenn du auf andere Menschen triffst, die bedrückt sind, so hilf ihnen, indem du ihnen etwas zu tun gibst, wenn sie bloß herumsitzen. Oder gibt ihnen etwas anderes zu tun, wenn sie schon etwas tun. Gib Trauernden eine Aufgabe, um die sie sich *kümmern* können, und der *Kummer* wird (zumindest für die Zeit des Tuns) verschwinden. Je intensiver sich die Betreffenden in diese Aufgabe „hineinknien" müssen, desto eher zeitigt deine „Therapie" Erfolg. Das liegt daran, daß wir nur einen einzigen Gedanken zur gleichen Zeit haben können. Wenn sich der Trauernde ganz auf etwas konzentrieren muß, kann er sich nicht gleichzeitig seiner Trauer hingeben. Und so wie das wächst, worauf du deine Aufmerksamkeit richtest, so wird umgekehrt das kleiner, was du eine Weile nicht beachtest.

Damit meine ich nicht, alle Sorgen, jeden Kummer und jegliche Trauer einfach aus deinem Leben zu verbannen. Sie sind wichtig, um den Gegenpol, das Glück, überhaupt begreifen zu können.

Aber ich bin dafür, Wege zu kennen, die aus ungewollten und ungewünschten emotionalen Zuständen herausführen. (Siehe hierzu auch die **5. Regel:** *Es gibt immer eine Lösung*). Und da jeder Pol nur über seinen Gegenpol erreichbar ist – du kannst Trauer nur empfinden, wenn vorher Glück da war –, so ist jeder Gegenpol auch nur über seinen Widerpol verlaßbar.

In einem Satz: *Verhalte dich so, daß dein Tun genau dem Zustand entspricht, in dem du wärst, wenn du dich fühlen würdest, wie du dich fühlen möchtest.*

Zu schwer? Dann lies den Satz noch einmal. Er heißt: Wenn ich bedrückt bin, so tue ich besser etwas anderes.

Quintessenz der 26. Regel:

Wenn du bedrückt bist,
so tue etwas anderes

1. Tun ist Verhalten. Verhalten verändert unsere Einstellung, genau wie unsere Einstellung unser Verhalten verändert.

2. Dein Unterbewußtsein beobachtet dich ständig und prüft dabei die Kongruenz (die Deckungsgleichheit) deines Verhaltens mit deiner Einstellung.

3. Stimmen beide nicht überein, wird das jeweils „falschtaktende" Teil angeglichen. Dabei wird als richtig (was eigentlich richtungsweisend bedeutet) angesehen, wofür du dich bewußt entscheidest. Nimmst du bewußt eine andere Einstellung an, korrigiert dein Unterbewußtsein dein Verhalten so, daß beide wieder übereinstimmen. Nimmst du bewußt ein anderes Verhalten an, korrigiert dein Unterbewußtsein deine Einstellung so, daß beide gleichfalls wieder übereinstimmen.

4. Sehr oft fällt es uns leichter, so zu tun oder zu handeln, als ob. Darum fällt es uns leichter, unser Verhalten bewußt zu verändern als unsere Einstellung. Einfach, indem wir so tun, als seien wir glücklich, um wenig später eine geänderte, glücklichere Einstellung zu bekommen. Verhalte dich so, wie sich jemand verhalten würde, der die Einstellung hat, die du gern hättest.

5. Da immer das wächst, worauf du deine Aufmerksamkeit konzentrierst, suche einfach den Gegenpol, und dann tu so, als ob du ihn schon erreicht hättest.

27. Regel: Du kannst kein Ziel erreichen, wenn du es erreichen mußt

Wir sagen anderen häufig, was sie tun sollen, und glauben, ihnen Vorgaben zu machen, sei hilfreich. Weit gefehlt. Sicher: Es gibt immer Situationen, in denen du die Ziele anderer auch zu deinen eigenen machen *willst*. In diesem Fall willst du das Ziel erreichen, weil du es selbst *akzeptierst*. Wenn du dagegen ein Ziel erreichen *sollst*, so ist dir dieses Ziel von anderer Seite vorgegeben worden. In diesem Fall *sollst* du das Ziel erreichen, und das heißt immer, du *mußt* es erreichen, weil ein Nichterreichen Konsequenzen für dich hätte. So könnte vielleicht dein Arbeitsplatz gefährdet sein, wenn du die dir vorgegebenen Unternehmensziele nicht erreichst. Es besteht also in diesem Fall ein *Zwang* zur Zielerreichung. Ein Zwang aber ist eine Kraft von außen, der sich nach dem physikalischen Gesetz „zu jeder Kraft existiert eine gleichgroße Gegenkraft" eine exakt gleich große, innere Kraft entgegenstemmt.

Du erlebst diese innere Kraft als deinen Widerwillen, für andere deinen Kopf hinzuhalten. Ziele, die nicht aus dir selbst kommen, erzeugen immer einen Widerwillen, genauer: einen Widerstand oder Konflikt in dir. Je stärker dieser Zwang ist, der auf dich ausgeübt wird, desto mehr Widerstand entsteht in dir. Etwas tun zu müssen, das wir nicht tun wollen, ist uns allen verhaßt. Der Grund liegt in der Abhängigkeit deiner Lebenskraft oder deines *Vitalstroms* von dem Verhältnis deiner Erwartungen zu deinen Widerständen. Die in der **30. Regel** näher beschriebene Formel

$V = E / W$ besagt: Je größer dein Widerstand (= W) ist, desto weniger Vitalstrom fließt in dir. Mit anderen Worten: Dieses Ziel raubt dir Energie.

Diese Energie bräuchtest du aber, um eben das dir vorgegebene Ziel zu erreichen. Da sie dir fehlt, schraubst du automatisch deine Erwartungen herab. Damit wird der Bruch E / W noch kleiner; dein Vitalstrom sinkt weiter, dir fehlt noch mehr Energie – und dein Chef wirft dir mangelnde Motivation vor. Vielleicht ködert er dich auch mit Belohnungen, in der Hoffnung, das würde dich motivieren.

Statt dessen entwickelst du jetzt erste Befürchtungen. Die, es nicht zu schaffen, was man von dir verlangt und die, was wohl die Konsequenzen deines Scheiterns sein werden (unter anderem auch, die Belohnung zu verpassen). Befürchtungen sind aber Minus-Erwartungen, also wird der Bruch negativ.

Damit fließt dein Vitalstrom entgegengesetzt, sprich falsch herum, und das auch noch zusehends stärker. Er fließt dem Leben entgegengesetzt. Die Folgen kennst du: Du fühlst dich matt, ausgebrannt, gehetzt, am Ende sogar krank. Je nach Stärke des Zwangs geht diese Entwicklung zuerst langsam oder gleich sehr rasch vor sich. In der **35. Regel** (*Achte auf die Schönheit*) steht, woher wir uns in einer solchen Situation dann oft die fehlende Energie beschaffen wollen: durch selbstzerstörerisches Essen (lies hierzu bitte auch die **23. Regel:** *Du bist, was du ißt*) oder durch Energie-Diebstahl bei anderen Menschen.

Manche „verbeißen" sich – aus Trotz oder aus Wut – dann regelrecht in das ihnen vorgegebene Ziel. Sie arbeiten härter und länger und schädigen sich damit ununterbrochen selbst. „Ich muß es ganz einfach schaffen!" ist der Gedanke, der sie bis in ihre Träume verfolgt. Und fast nie erkennen sie, daß sie nur sich selbst festhalten, daß sie auf diese Weise erfolglos bleiben müssen. Sich in etwas verbeißen ist eine intensive Form des Festklammerns. (Vergleiche hierzu bitte mit der **5. Regel:** *Es gibt immer eine Lösung*). Lösung kommt von Loslassen, nicht von Festklammern. Loslassen ist der Kehrwert von Widerstand, also das genaue Gegenteil. Solange du an deinem Konflikt festhältst, trägst du ihn überall mit dir herum.

Suche dir also Ziele aus, die aus dir selbst kommen. Prüfe deine Ziele regelmäßig darauf hin, ob du dich wohl mit ihnen fühlst. Stelle dir vor, wie es ist, allmählich auf sie zuzugehen und sie endlich zu erreichen. Gib dich zu jedem Ziel einem zehnminütigem Tagtraum hin (wie es Vera F. Birkenbihl in ALPHA-SICHTWEISEN FÜR DAS 3. JAHRTAUSEND und in DER BIRKENBIHL-POWER-TAG empfiehlt, siehe Literaturliste). Gelingt dir es nicht, dich selbst zehn Minuten am Stück als Teil deiner Vision zu sehen, weil deine Gedanken abschweifen und dir plötzlich einfällt, was du gerade jetzt alles unbedingt tun mußt, oder weil dir tausend andere Dinge einfallen, dann hast du mit hoher Wahrscheinlichkeit ein Ziel entdeckt, das dir wesensfremd ist.

Ziele, die du erreichen *mußt*, obwohl du das tief in dir gar nicht willst, kosten dich bestenfalls nur Lebenszeit. Schlimmstenfalls kosten sie dich aber Vitalstrom – kostbare Lebensenergie.

Quintessenz der 27. Regel:

Du kannst kein Ziel erreichen, wenn du es erreichen mußt

1. Je größer der Zwang ist, ein Ziel zu erreichen, desto mehr Energie raubt dir dieses Ziel.

2. Jedem Druck von außen stellt sich ein gleich starker Druck von innen entgegen. Dieser innere Druck ist dein Widerstand gegen ein verordnetes Ziel.

3. Dein Vitalstrom – *vaya,* deine Lebenskraft – ist durch die Formel $V = E / W$ beschrieben (siehe hierzu auch die **30. Regel.**) W steht für Widerstand. Je größer W ist, desto weniger Vitalstrom oder *vaya* fließt in dir.

4. Suche dir Ziele aus, die aus dir selbst kommen. Das sind Ziele, die deinem Wesen entsprechen. Sie ergeben für dich immer den höchsten SINN (dem S-elbst INN-ewohnend).

5. Kannst du dich in einem ge-ZIEL-ten Tagtraum (nach Vera F. Birkenbihl) *nicht* mindestens zehn Minuten am Stück in der erreichten Zielsituation sehen, sondern wirst durch deine abschweifenden Gedanken von dieser Vision abgelenkt, dann gibt es in dir einen inneren Widerstand gegen dieses Ziel. Fällt es dir leicht, dich diese mindestens zehn Minuten am Stück in der erreichten Zielsituation sehen, dann kannst du dieses Ziel auch mit Sicherheit erreichen. Dann existieren keine inneren Widerstände. Nach der Formel $V = E / W$ hast du in dir die Kraft, die du zum Erreichen deines Zieles brauchst.

28. Regel: Du kannst ein Ziel erst erreichen, wenn du bereits dort bist, bevor du losgehst

Das ist doch Unsinn, höre ich dich sagen. Wie soll das denn möglich sein! Es ist möglich, auf eine bestimmte, besondere Weise.

Gemeint ist: Du mußt in deiner *Vorstellung* bereits dort sein, ehe du losgehst. Du mußt dich so sehr mit deinem Ziel identifizieren können, daß du dich in deinen Gedanken bereits dort *sehen* kannst. Du mußt ein echter *Teil deiner Vorstellung* sein – nur dann hast du überhaupt eine Chance, dein Ziel zu erreichen.

Du weißt, dein Unterbewußtsein „spricht" und „versteht" in erster Linie Bilder und Gefühle. Es versteht dich und deine Wünsche, wenn du sie als Bild und Gefühl verINNERlichst. Je klarer die Bilder, je intensiver die Gefühle sind, desto schneller arbeitet dein Unterbewußtsein dir zu.

Eine Vorstellung ist wörtlich etwas, was du VOR dich hin-STELLST. Es ist etwas, das du in dein Blickfeld stellst. Dein Unterbewußtsein kann Schein und Sein nicht voneinander trennen. Es hält jedes Bild für real – und wenn nicht für real, so doch für real*isierbar*. Und es versteht jedes Bild als Auftrag, dir das Vorgestellte zu beschaffen.

Erzeugst du nun in Gedanken ein Bild, in dem du Teil des Bildes bist, weist du dein Unterbewußtsein an, dieses Bild materielle Wirklichkeit werden zu lassen.

Deine Vorstellung wirkt aber auch noch auf einer anderen Ebene. Die **19. Regel** beschreibt, warum *das, was du erwar-*

test, immer auch eintritt. Lies noch einmal nach, warum das Universum auf deine Erwartungen immer bejahend reagiert. Baust du nun eine Vorstellung auf, in der du Teil der Vorstellung bist, dann erzeugst du – wenn du die Vorstellung nur genügend oft wiederholst – eine Erwartung, und nach den Gesetzen der Quantenphysik wird das Universum entsprechend deinem Bild reagieren.

Ein anderer Begriff für Vorstellung ist *Vision*. Für mich ist es kein Zufall, daß in dem Begriff VisION ein *Ion* versteckt ist. Ein Ion ist ein elektrisch geladenes Teilchen, also etwas, das ein Energieträger ist.

Von den Elektronen aber wissen wir aus tausenden von quantenphysikalischen Versuchen, daß sie sich immer (!) unseren Erwartungen gemäß verhalten, so als ob sie „wüßten", *was* wir erwarten. Eine Vision ist demnach also etwas, das wir *sehen* können und das zugleich *kraftvoll* (also energiegeladen) ist.

Deshalb arbeite an einer, an *deiner* Vision deiner Zukunft. Auch wenn andere dich als Tagträumer verspotten – du gehst gerade den wichtigsten Schritt bei deiner Zielerreichung neben der **18. Regel:** *Schreibe deine Ziele auf.*

Aber denke immer an die Formel $R = E \times Z$, die in der **25. Regel** besprochen wird: Wenn du dich bei deiner Vision anstrengen mußt, erreichst du nur das Gegenteil – dein Ziel rückt in weite Fernen. Vergleiche hierzu bitte auch die **27. Regel:** *Du kannst kein Ziel erreichen, wenn du es erreichen mußt.*

Das Gegenteil von Anstrengung ist Leichtigkeit. Darum gehe spielerisch und freudig mit deiner Vision um – sei wie ein Kind. Kinder, die spielen, sind selbstvergessen, aufgeregt, völlig in das vertieft, was sie tun. Sie *lieben* es, das zu sein, was sie gerade spielen. Wenn Kinder im Spiel eine Rolle spielen, dann tun sie nicht nur so, als ob – für die Dauer ihres Spiels *sind* sie die Rolle. Sie sind bereits dort, wo sie vielleicht einmal sein möchten.

Es ist erstaunlich, aber auch diese Weisheit findet sich in der Bibel, wenn es heißt: „Nur die kommen ins Himmelreich, die wie die Kinder werden." In heutige Sprache übertragen bedeutet dies: Nur wenn du deine Vision so leicht, so intensiv und freudig erlebst wie ein Kind, das spielt, hast du die Voraussetzung geschaffen, deine Ziele auch zu erreichen.

Es ist weise, leicht zu denken und zu leben. Die Worte *leicht* und *Licht* entstammen derselben Sprachwurzel; das erkennst du noch gut am englischen „light", das beides bedeutet. Die höchste Stufe der Weisheit nennen alle Weltkulturen das Stadium der Erleuchtung. Dem geht aber immer das Stadium der Erleichterung – von Sorgen, von überflüssigem Ballast – voraus. Erleichtern ist immer auch Vereinfachen. Darum lies bitte auch (noch einmal) die **15. Regel:** *Alles Geniale ist einfach.* Das dort Gesagte gilt natürlich ebenso für das Erreichen von Zielen. Warum solltest du es dir schwerer machen?

Der leichteste Weg, (d)ein Ziel zu erreichen, ist der, schon dort zu sein, bevor du losgehst.

Quintessenz der 28. Regel:

Du kannst ein Ziel erst erreichen, wenn du bereits dort bist, bevor du losgehst

1. Die Worte „leicht" und „Licht" entstammen derselben Sprachwurzel.

2. Eine Vision oder Vorstellung ist ein inneres Bild, ein inneres *Licht*. Wenn du dich in der zu erreichenden Zielsituation selbst sehen kannst, wird das Erreichen dieses Ziels für dich *leicht*.

3. Sei also in Gedanken schon dort, bevor du losgehst.

4. Eine Vision oder Vorstellung ist aber immer auch eine Erwartung. Entweder erwartest du, daß du dein Ziel erreichst, oder du befürchtest das Gegenteil. Da das eintritt, was du erwartest, kannst du nur Ziele erreichen, in denen du dich selber sehen kannst. Aus (innerem) Licht wird leicht.

5. Leichtigkeit ist das Gegenteil von Anstrengung. Erleichterung ist die Vorstufe der Erleuchtung (worin oder woraus auch immer die für dich bestehen mag). Je *leichter* (spielerischer, freudiger) du mit deinem Ziel umgehst, desto heller brennt in dir ein bestimmtes *Licht*: die Flamme der Begeisterung. Und nur mit diesem Licht kannst du anderen den Weg weisen: nämlich, sie für deine Ziele be-GEIST-ern.

29. Regel: Es gibt keinen Zufall

Gäbe es so etwas wie Zufall, dann gäbe es auch keine Ursache-Wirkungs-Ketten. Wir alle wissen aber, daß jede Wirkung eine Ursache hat. Nur: Manche dieser Ketten – die in Wahrheit große Kreise bilden – sind so lang, daß wir sie beim besten Willen nicht mehr überblicken können.

Stell' dir einen langen Text in einem Textverarbeitungsprogramm vor. Sagen wir, dort steht ein sinnvoller Text, ein Roman zum Beispiel. Dein Bildschirmfenster zeigt immer nur einen winzigen Teil des Gesamttextes. Greife jetzt willkürlich einen Satz heraus. Ist dieser Satz zufällig entstanden? Nein, er entwikkelte sich im Gehirn des Autors aus den vorangegangenen Sätzen. Und der Satz selbst wird seinerseits neue Sätze inspirieren.

René Egli gibt in seinem Buch DAS LOL^{2}A-PRINZIP ein schönes Beispiel: Um das *lebenswichtige* Enzym Cytochrom durch Zufall zu generieren, hätte die Natur mehr Zeit haben müssen, als ihr zur Verfügung stand. Cytochrom ist ein aus 104 Aminosäuren zusammengesetztes Kettenmolekül. Um es zufällig entstehen zu lassen, hätte das Universum 10^{130} Würfelmöglichkeiten benötigt. Das Universum *existiert* aber erst seit 10^{17} Sekunden. Selbst wenn es jede Sekunde seit dem Urknall einen Entstehungsversuch gemacht hätte, hätte die Zeit für ein zufälliges Entstehen beim besten Willen nicht ausgereicht.

Viele Wissenschaftler unserer Zeit sprechen inzwischen von einem reagierenden Universum, manche sogar von einem bewußten Universum. Die Quantenphysiker wissen, daß unsere Erwartungen das Universum anregen zu reagieren. Wenn es den

Zufall als Prinzip gäbe, dann müßte alles Zufall sein. Auch deine Existenz wäre dann das Ergebnis eines zufälligen Ereignisses. Die Annahme eines Zufalls aber widerspricht der Erkenntnis, daß die Natur (das Universum) offenbar nichts verschwendet. Alles ist wohlgeordnet, schlichtweg genial konstruiert. Ein Zufall käme einem eingebauten Fehler in dieser genialen Konstruktion gleich. Das Universum wäre nicht länger perfekt.

Das Gegenteil von Zufall ist Gerechtigkeit. Deshalb gibt es das Ursache-Wirkungs-Prinzip. Du tust etwas, und etwas geschieht. Du hast deinen freien Willen, um deine Absichten durchzusetzen. Also ist das Prinzip der Absicht Teil dieses Universums.

Wo aber Absicht als Prinzip existiert, kann es keinen Zufall geben. Du bist nicht zufällig genau dort geboren, wo du zur Welt kamst. Denn es wäre in absurder Weise ungerecht, wenn du zufällig irgendwo hineingeboren würdest. Da es aber keinen Zufall gibt, bist du genau dort „gelandet", wo du die idealen Bedingungen vorgefunden hast, um das zu tun, weswegen du gekommen bist.

Hinter deiner Existenz steht eine Absicht, und für mich ist diese Absicht unmittelbar mit unserer *Lebensaufgabe* verknüpft. Sie zu finden und zu erfüllen hat für jeden von uns die allerhöchste Priorität. Worin sie besteht, hat unmittelbar mit dem Sinn zu tun, den du im Leben erkennen kannst. Der SINN ist etwas, das deinem S-elbst INN-ewohnt. Lerne zu meditieren. Gehe den Weg nach innen.

Ich habe einmal gelesen, daß nach einer Untersuchung über 90 Prozent aller Krankenhauspatienten in Amerika krank sind, weil sie den Sinn in ihrer Existenz nicht finden können. Erkenntnis, Erleuchtung, die Sinnfrage – wir nähern uns unserer Erfüllung umso mehr, je mehr wir das tun, was unserem Wesen entspricht. Mit anderen Worten: unsere Lebensaufgabe suchen, finden, sie akzeptieren und sie in unser Leben integrieren. (Lies hierzu bitte auch die **24. Regel:** *Tu was du willst*).

Wenn es keinen Zufall gibt, dann bist du TOTAL VERANT-WORTLICH für alles, was dir in deinem Leben geschieht. Vielleicht ist das der Grund, warum so viele Menschen darauf beharren, daß es einen Zufall gibt. Sie entfliehen damit nämlich dieser totalen Verantwortung.

Übernimmst du für dich die totale Ver-ANTWORT-ung, dann kommst du der Antwort (auf deine Sinnfrage) in Riesenschritten näher. Dann wird es wichtig zu prüfen: machst du nur irgendeinen Job, um Geld zum Leben zu haben – und verschwendest damit kostbare Lebenszeit ebenso wie kostbaren Vitalstrom (oder *vaya*) – oder nimmst du die Verantwortung an, verläßt deine bequeme Lebensumgebung und tust endlich das, weswegen du hierher-gekommen bist. Es gibt keinen Zufall[*] meint: Alles ist Absicht.

Welche Absicht verfolgst du?

[*] Mark Buchanan – ein Physiker! – schreibt in seinem neuen, lesenswerten Buch *Small Worlds – Spannende Einblicke in die Komplexitätstheorie*, Frankfurt, 2002: „Das Universum ist zu klein für Zufälle." Das Buch zeigt, wie hinter scheinbar chaotischen Sachverhalten völlig verblüffende Gesetzmäßigkeiten stehen, unterschwellige Wirkzu-sammenhänge, die eben jetzt beginnen, von unseren staunenden Augen wahrgenommen zu werden. Warum erst jetzt? Weil wir eben erst jetzt beginnen, unsere Aufmerksamkeit darauf zu richten.

Quintessenz der 29. Regel:

Es gibt keinen Zufall

1. Gäbe es einen Zufall, wäre das Universum in weiten Teilen sehr ineffektiv und ungerecht. Da es nichts verschwendet, immer den Weg des geringsten Widerstandes geht, hundertprozentig gerecht ist und selbst absolut genau – exakt – die Bedingungen definiert, nach denen es funktioniert (die Naturkonstanten), daher kann es keinen Zufall geben.

2. Wenn du einen „Zufall" erlebst, erlebst du etwas, das dir zufällt. Das setzt voraus, daß irgendeine Form von Anziehungskraft auf dieses Ereignis von dir ausging. Alle Ereignisse sind mitunter sehr lange Ursache-Wirkungsketten, die du selten vollständig überblickst.

3. In einem Universum ohne Zufall bist du TOTAL VERANTWORTLICH für alles, was dir in deinem Leben geschieht. Einschließlich Geburt, Wachstum, Verfall und Tod. Du hast einen freien Willen bekommen, und du setzt ihn ununterbrochen ein. Meistens unbewußt, seltener bewußt. Du bist der Gestalter deines Schicksals.

4. In einem Universum ohne Zufall bist du exakt an dem Punkt in Raum und Zeit im Universum angekommen, zu dem du hin solltest. Dort – und nur dort – konntest und kannst du genau die Ausbildung bekommen und die Erfahrungen machen, die du für das Finden und Ausüben deiner Lebensaufgabe brauchst.

5. Es gibt keinen Zufall meint: Alles ist *Absicht*. Ab-SICHT ist ein Wort, das einen Sehvorgang beschreibt. Sehen ohne Licht ist unmöglich. Zum Licht werden alle Lebewesen gezogen – im direkten (z. B. Fische oder Insekten) und im übertragenen Sinne, zur inneren Er-leuchtung. Der Erleuchtung ist es egal, wie du sie erlangst. Deshalb hast du einen freien Willen, und nichts ist vorherbestimmt. Auch das ist Absicht.

30. Regel: Wende die Realisierungsformel an

Wenn wir uns unsere atomaren und subatomaren Bausteine einmal ansehen, so bestehen wir aus Energie in einer bestimmten Schwingungsform und zwischen den schwingenden Energieteilchen aus ganz viel leerem Raum. Du wirkst nur deswegen fest und massiv, weil deine Energieteilchen so schnell hin und her schwingen. Dennoch: Du bestehst aus Leere (Raum) und Energie. Aus deiner Schulzeit kennst du gewiß noch das Gesetz aus der Elektrizitätslehre, das die energetischen Zustände in einem geschlossenen System, genannt Stromkreis, beschreibt: das Ohmsche Gesetz.

Es lautet $I = \dfrac{U}{R}$

In Wahrheit aber ist es viel mehr als die Beschreibung des Stromkreises. Denn dieses Gesetz läßt sich auch auf den Menschen übertragen. Schließlich bestehen wir alle aus Energie und stellen eine Summe aus vielen geschlossenen, energetischen Kreisläufen dar. Die Buchstaben stehen für Stromstärke (I), Spannung (U) und Widerstand (R). Wenn wir die Gesetzmäßigkeiten auf uns übertragen, ist es leichter, alternative Begriffe zu verwenden.

Anstelle von Stromstärke können wir auch *Lebensstrom* oder *Vitalstrom* sagen. Als Kürzel benutzen wir V (für Vitalstrom). Anstelle von Spannung können wir auch *Erwartung* sagen. Als Kürzel benutzen wir E (für Erwartung). Anstelle von Widerstand können wir ebenso *Widerstand*, aber auch *Konflikt* sagen.

Als Kürzel benutzen wir W (für Widerstand).

Jetzt lautet die Formel:

$$\text{Vitalstrom} = \frac{\text{Erwartung}}{\text{Widerstand}} = V = \frac{E}{W}$$

Sie bedeutet: Je stärker meine Erwartung, desto mehr Vitalstrom fließt in mir. Je größer mein Konflikt, desto weniger Vitalstrom fließt in mir. [Anmerkung: wird die Erwartung zur Befürchtung, erhält der Bruch logischerweise ein Minusvorzeichen. Der Vitalstrom fließt dann gewissermaßen entgegengesetzt, gegen die Lebenskraft gerichtet. Je mehr und je stärker ich Befürchtungen und Ängste habe, desto kränker werde ich.]

Nach W aufgelöst lautet die Formel:

$$\text{Widerstand} = \frac{\text{Erwartung}}{\text{Vitalstrom}}$$

In Kurzform: $W = \dfrac{E}{V}$

Das bedeutet: Je stärker meine Erwartung, desto mehr Widerstand erfahre ich. Je stärker mein Vitalstrom, desto weniger Widerstand erfahre ich.

Nach E aufgelöst heißt die Formel:

Erwartung = Widerstand x Vitalstrom

In Kurzform: $E = W \times V$

Das bedeutet: Habe ich keinen Vitalstrom (Wert = 0), so habe ich auch keine Erwartung. Der Grund: Ich bin tot. Und: habe ich keinen Widerstand (Wert = 0), habe ich auch keine Erwartung. Der Grund: Ich bin nicht vorhanden. Da ich aber vorhanden bin, bin ich auch immer im Konflikt mit mir. Folglich gibt es einen Widerstand.

In der Elektrizitätslehre gibt es die Leistung P. Sie ist definiert als $P = U \times I$. Auf unser System übertragen ist Leistung *der Grad an Realisierung* (= R), den unsere Erwartungen erfahren. Wir können also mit Recht sagen, indem wir U und I wieder wie oben durch Erwartung und Vitalstrom ersetzen:

$$\text{Realisierung} = \text{Erwartung} \times \text{Vitalstrom}$$
$$\text{oder verkürzt} \quad R = E \times V$$

Für den Vitalstrom haben wir bereits eine Formel, nämlich

$$\text{Vitalstrom} = \frac{\text{Erwartung}}{\text{Widerstand}}$$

Diesen Bruch setzen wir jetzt in die Formel für die Leistung (unsere Realisation) ein, und diese nimmt dann folgende Form an:

$$\text{Realisierung} = \frac{\text{Erwartung} \times \text{Erwartung}}{\text{Widerstand}}$$

$$\text{oder verkürzt} \quad R = \frac{\text{Erwartung}^2}{\text{Widerstand}} = \frac{E^2}{W}$$

Das bedeutet nichts anderes als: *Unser Grad an Realisierung steigt im Quadrat mit der Stärke unserer Erwartungen.*

Für Widerstand oder Konflikt können wir allerdings auch den Kehrwertausdruck Widerstand = 1 / Loslassen verwenden:

$$W = \frac{1}{\text{Loslassen}}$$

Denke einmal kurz darüber nach: Je mehr du deinen Konfliktgegenstand losläßt, desto weniger Konflikt hast du. Und je mehr du festhältst (Loslassen wird immer kleiner), desto mehr Konflikt hast du zwangsläufig.

Ersetzen wir also den Widerstand durch seinen Kehrwert, so erhalten wir

$$\text{Realisierung} = \frac{\text{Erwartung}^2}{\dfrac{1}{\text{Loslassen}}} = R = \frac{E^2}{\dfrac{1}{L}}$$

Nach der mathematischen Umformung (man teilt durch einen Bruch, indem man mit dem Kehrwert multipliziert) heißt unsere Formel nun:

$$\text{Realisierung} = \text{Erwartung}^2 \times \text{Loslassen} = R = E^2 \times L$$

Nach der **17. Regel:** (Aktion ist immer gleich Reaktion) wissen wir, daß eine *Aktion* zur Realisierung stets dazugehört. Wir fügen der Formel also vollständigkeitshalber A (= Aktion) hinzu. Da A aber gleich der Reaktion ist, (die dem entspricht, was wir hier Realisierung nennen), hat es den Wert 1, verändert also den Wert der Formel nicht.

Wir erhalten somit jetzt den Ausdruck

$$\text{Realisierung} = \text{Erwartung}^2 \times \text{Aktion} \times \text{Loslassen}$$

oder einfach $\mathbf{R} = \mathbf{E}^2 \times \mathbf{A} \times \mathbf{L}$ oder $\mathbf{R} = \mathbf{E}^2\mathbf{AL}$

Und das heißt verblüffenderweise nichts anderes als: Alles, was du erreichen oder bewahren willst im Leben, hängt nur und ausschließlich von deiner *Fähigkeit des Loslassens* deiner Konflikte und hoch zwei (!) von der *Stärke deiner Erwartungen* ab. Das ist die wahre Bedeutung des Wortes *real*. Es ist die Formel, um alles zu erreichen, was du willst!

Quintessenz der 30. Regel:

Wende die Realisierungsformel an

1. Das Realisieren von Ereignissen stellt die Reaktion des Universums auf deine Erwartungen dar.

2. Die Realisierungsformel $R = E^2 A L$ läßt sich aus dem Ohmschen Gesetz ableiten. Sie bedeutet

   Realisierung(-sgrad) = Erwartung^2 x Aktion x Loslassen

   Die Art deiner Erwartung im Quadrat mal deinem daraus folgenden Tun mal deiner Fähigkeit des Loslassens bestimmt den Grad deiner Realisierungen.

3. Je mehr innere und äußere Widerstände (die Spiegelungen deiner inneren Widerstände) du hast, desto kleiner ist dein Loslassen. Anders ausgedrückt ist dein Festhalten dann besonders groß. Festhalten aber ist das Gegenteil von Lösen. Lösung bedeutet Loslassen.

4. Das Ohmsche Gesetz, auf den Menschen übertragen, lautet:

   $V = E / W$

   Vitalstrom (*vaya*) = **E**rwartung / **W**iderstand.

   Je höher deine Erwartungen sind (deine Spannung), desto stärker fließt dein Vitalstrom. Erwarten ist glauben. Je weniger du glaubst, daß etwas passiert, desto geringer ist deine Erwartung. Dein innerer Widerstand gegen das Eintreten des Ereignisses ist größer, und damit hast du weniger Vitalstrom (*vaya*) in dir.

5. Zweifel – ZWEI-FEL – bedeutet, in deinem Denken gibt es ZWEI Fälle: Möglichkeit A und Möglichkeit B. Solange du zwischen beiden Fällen hin und her gerissen bist, ist deine Erwartung gleich Null. Dein Widerstand wird unendlich groß. Du erstarrst (Vitalstrom = 0) und bleibst solange (körperlich wie geistig) stehen, bis du dich entscheidest, einen der beiden Wege zu gehen, oder bis die Wahlmöglichkeit nicht mehr besteht.

31. Regel: Mache deinen ersten Schritt innerhalb von 72 Stunden

„Auch die längste Reise beginnt mit dem ersten Schritt."

Dieser erste Schritt scheint es in sich zu haben. Denn die meisten gehen ihn merkwürdigerweise niemals. Sie reden darüber, sie nennen einen ungefähren Zeitpunkt, an dem sie ihn gehen wollen, doch immer kommt irgend etwas dazwischen, oder aber die Rahmenbedingungen stimmen nicht, und so unterbleibt der erste Schritt aus einem gewichtigen Grund: weil er nicht gegangen wird. „Nicht weil es schwer ist, wagen wir es nicht, sondern weil wir es nicht wagen, ist es schwer", erkannte schon früh der römische Denker Seneca.

Darum, wenn du dich für ein neues Verhalten, ein neues Vorhaben, ein neues Herangehen entschieden hast: Mache deinen ersten Schritt immer innerhalb von 72 Stunden. Wartest du länger, steigt die Wahrscheinlichkeit, daß du es doch nicht tust, beinahe minütlich.

Wenn deine Entscheidung für dich so unwichtig ist, daß du nicht einmal den ersten Schritt innerhalb von 72 Stunden gehst, dann (so sagt sich dein Unterbewußtsein) brauchst du es auch in den folgenden 72 Stunden, Tagen, Wochen nicht zu tun. Und es wird dich darin bestätigen und bestärken, wie richtig es war, noch zu warten. Schließlich will und muß es dich unterstützen in allem, was du denkst – das ist seine ureigene Aufgabe.

Eine EntSCHEIDUNG treffen heißt für mich immer, sich von etwas verbindlich zu scheiden. Es ist einerseits der Abschied von etwas, das wir zurücklassen, andererseits ist eine verbindliche Entscheidung etwas, mit dem wir uns ver*binden*.

In dem Wort SchEIDung steckt aber auch das Wort *Eid*. Wir schwören uns selbst quasi einen Eid, den nun eingeschlagenen Weg auch zu gehen. Gehen wir ihn nicht, wagen wir nicht einmal innerhalb von 72 Stunden *den ersten Schritt*, werden wir gleichsam eidbrüchig. Wir selbst wissen dann im tiefsten Inneren genau, daß wir eigentlich nicht vorhaben, diesen Weg zu gehen, wir wissen um unsere Scheinheiligkeit. Wenn aber etwas nur *zum Schein heile* ist, dann ist es in Wahrheit kaputt. Wenn etwas kaputt ist, funktioniert es nicht richtig.

Es treten Reibungsverluste auf, und das ist ein anderer Name für Energieabfall. Wenn wir scheinheilige Entscheidungen treffen, verlieren wir deshalb immer Energie: Wir fühlen uns unwohl in unserer Haut, wir sind gereizt.

Gereizte Stellen an der Haut nennen wir oft auch *entzündet*, und das ist kein Zufall. Hier wie dort brennt ein unsinniges Feuer, eines, das wir mit unserer Entscheidung zeitgleich entzündet haben – es ist die Flamme der Begeisterung, die *wahrhaftig* hellauf hätte leuchten können, wenn wir den EID gehalten hätten. Nun aber verpufft sie sinnlos wie die Flamme, mit der man an Ölbohrstellen überschüssige Gase – Energie, die abfällt – abfackelt.

Hast du dich aber aus vollen Herzen entschieden, macht dir die Trennung von dem, was du zurückläßt, Freude. Du läßt den einen Weg zurück, läßt ihn los, und wählst den anderen. Loslassen aber ist immer ein Energiegewinn (lies hierzu bitte auch die **30. Regel:** *Wende die Realisierungsformel an*).

Ein Eid, den du hältst, ist dir heilig. Heilig kommt von *heile, ganz sein*. Du bist also heile, ganz bei dir und nicht getrennt, innerlich zerrissen, zwischen der Angst, etwas zu verpassen, und dem Neuen.

Darum mache den ersten Schritt innerhalb von 72 Stunden. Kannst du das nicht, dann willst du es im Grunde deines Herzens nicht (siehe auch die **1. Regel:** *Du kannst im Leben alles haben, was du willst*). Denn dann hast du Zweifel. ZWEI-FEL meint eigentlich ZWEI FÄLLE. Du gleichst einem Eskimo, der mit je einem Fuß auf einer anderen Eisscholle steht. Je länger du wartest, desto anstrengender (= energieraubender) ist deine (Geistes-)Haltung, denn die Zeit treibt die beiden Eisschollen unaufhörlich voneinander fort. Und umso schwieriger wird es für dich, dich noch trockenen Fußes auf eine der beiden Eisschollen zu schwingen. Panik steigt in dir auf, da du nicht weißt, welches die richtige ist, und je länger du wartest, desto eher gehst du sprichwörtlich baden.

Das meinte Henry Ford, als er sagte, daß schnelle Entscheider im Leben meist auch erfolgreiche Menschen sind. Wenn du dich entscheidest, entscheide dich schnell – und halte deinen Eid. Mache den ersten Schritt innerhalb von 72 Stunden.

Quintessenz der 31. Regel:

Mache deinen ersten Schritt innerhalb von 72 Stunden

1. Dein Unterbewußtsein nimmt zur Kenntnis: Du hast einen neuen Wunsch. Das mag ein neues Verhalten sein, eine neue Gewohnheit oder der Wunsch, etwas zu besitzen.

2. Jetzt beobachtet es dich. Machst du innerhalb der nun kommenden 72 Stunden nicht einmal den ersten Schritt in Richtung dieses neuen Wunsches, senkt es die Priorität wieder ab. Auf deutsch: Dieser Wunsch ist offensichtlich nicht so wichtig.

3. Dein Unterbewußtsein konzentriert sich nach Ablauf dieser 72 Stunden also wieder auf andere, wichtigere Dinge. Die Folge: Du wirst mit hoher Wahrscheinlichkeit gar nichts mehr in Richtung dieses Wunsches unternehmen.

4. Sagst du, du willst etwas, und tust dann doch nichts, bist du dir selbst gegenüber scheinheilig. Du hast dein eigenes Versprechen dir gegenüber gebrochen. Was zum Schein heilig ist, ist in Wahrheit kaputt. Was kaputt ist, funktioniert nicht richtig. Es treten Reibungsverluste auf. Reibungsverluste bedeuten Energieabfall.

5. Eine Entsch-EID-ung ist ein Eid, den du dir selbst schwörst. Ein Eid, den du hältst, ist dir heilig. Du bist also heile, ganz bei dir, und nicht hin und her gerissen zwischen dieser und

anderen Möglichkeiten. Ein Zeichen, daß es dir ernst ist mit deiner Entscheidung, ist das Gehen des ersten Schrittes innerhalb von 72 Stunden.

32. Regel: Bewege deinen Körper

Alle 36 UNIVERSELLEN LEBENSREGELN kreisen um das Thema Aufmerksamkeit. Dorthin, wo deine Aufmerksamkeit ist, fließt deine und die Energie deiner Umgebung. Wieviel Aufmerksamkeit und damit Energie schenkst du aber deinem wertvollsten Besitz – deinem Körper?

Obwohl eine Fitneßwelle nach der anderen um diesen Globus rollt, sind es immer nur wenige (oft die gleichen), die etwas für ihren Körper tun. Die überwiegende Mehrheit sitzt tagaus tagein größtenteils unbeweglich herum: tagsüber auf Bürostühlen, abends und am Wochenende vor dem Fernseher.

Unser Wort „Körper" leitet sich von dem lateinischen *corpus* ab und bedeutet Leib, Masse. Im Mittelalter war das Wort noch ungebräuchlich. Man sagte „Leib". Hiervon leitet sich auch „Leiche" als Begriff für den unbelebten Körper ab, und anstelle von Leib sagte man auch „Lich" als Begriff für den belebten Körper.

Erinnert *Lich* nicht sehr an *Licht*? In der **19. Regel** (*Das, was du erwartest, tritt ein*) steht geschrieben, wieso wir wirklich nichts anderes sind als Licht oder Elektronen auf einer anderen Schwingungsebene. Einstein zufolge ist jegliche Materie „geronnene Energie". Diese offenbar sehr alte Erkenntnis hat sich demnach noch bis ins Mittelalter hinein in der deutschen Sprache gehalten, ehe sie vergessen wurde. Erst Einstein hat sie uns (wieder) entdeckt.

Dein Körper ist dein Fortbewegungsmittel und zugleich dein Aufenthaltsort in diesem Universum. Er ist geronnene Energie, und er braucht Energie, um seinen Zustand weiter aufrecht erhalten zu können. Energie führst du ihm auf mehreren Wegen zu (lies hierzu bitte auch die **35. Regel:** *Achte auf die Schönheit*), und einer davon ist die Aufmerksamkeit, die du ihm schenkst.

Bewegst du nun deinen Körper bewußt, tust du genau das. Du schenkst den einzelnen Muskeln oder Körperteilen oder dem gesamten Körper Aufmerksamkeit. Alle Bewegungslehren des asiatischen Raums (z. B. Tai Chi, Qi Gong) und alle asiatischen Kampfsportarten sind in ihrem Kern Energielehren. Sie zeigen dem Lernenden, wie er Energie (*Ki* oder *Chi* genannt) in jeden Teil seines Körpers fließen lassen kann. Die Fähigkeit zur Bewegung ist in der Biologie ein Kriterium, um belebte von lebloser Materie zu unterscheiden. Leben heißt fließen, und fließen ist bewegen.

Kinder wissen dies intuitiv. Sie springen und rennen am Tag rund zehn Kilometer weit und sind in ihrer Energie und Lebensfreude kaum zu bremsen. Erst mit dem Eintritt in die Schule zwingen wir sie, viele Stunden lang still zu sitzen. Laufen sie herum und verleihen sie ihrer Lebensfreude Ausdruck, indem sie schreien und lachen, rufen wir sie zur Ordnung – eine Ordnung, die in Wahrheit eine Art vorweggenommener Friedhofsruhe ist.

Bewegen ist Fließen, Fließen ist Leben, und Leben ist Freude. Stillstand ist das Gegenteil von Fließen und damit beginnender Tod. Darum bewege deinen Körper, auch und wenn du meinst, keine Zeit dafür zu haben. Denn deine Gesamtzeit, die dir auf Erden zusteht, ist abhängig von der Zeit, in der du dich bewegst. Im Englischen gibt es das Sprichwort: „If you don't use it, you loose it." *Wenn du es nicht gebrauchst, verlierst du es ...*

Wenn etwas wirklich wichtig ist, nehme ich mir die Zeit. „Ich habe die besten Ärzte der Welt – mein rechtes und mein linkes

Bein", hat einmal jemand gesagt. Selbst regelmäßiges Spazierengehen ist immer noch besser als Herumsitzen. Regelmäßiges
Laufen ist besser als Spazierengehen.

Bewege dich einmal am Tag so, daß deine Pulsfrequenz für
15 Minuten (besser noch für 30 Minuten) zwischen 115 und 135
Schlägen pro Minute liegt.* Dafür gibt es tragbare Pulsmesser.
Regelmäßig heißt *täglich*. Suche dir eine Form der Bewegung
aus, die dir *Spaß* macht. Denn nichts kostet dich mehr Energie,
als dich täglich zu deiner Bewegungsform zwingen zu müssen.
Qi Gong und Tai Chi sind bis ins hohe Alter erlern- und durchführbar. In jeder Stadt findest du Lehrer.

Laufen kannst du, solange dich deine Füße tragen. Je früher du
beginnst, desto länger werden sie das tun. Doch achte bei jeder
Art der Bewegung darauf, sie *leicht, locker* und *lächelnd* zu
vollziehen. In dem Moment, wo du dich anzustrengen beginnst
und um Atem ringen mußt, schadest du dir nur noch. Es kostet
dich Energie. Es nimmt dir die Freude.

Solange du dich lächelnd bewegst, genug Atem hast und dich
locker und leicht dabei fühlst, machst du es richtig.

---

* Da ich nicht weiß, wie jung oder alt du bist – dieser Wert ist ein Durchschnittswert und gilt
für eine(n) Erwachsene(n) mittleren Alters, sagen wir zwischen 18 und 55 Jahren. Ältere
Menschen fragen bitte ihren Arzt, wo – ihrem Alter und ihrer Konstitution entsprechend
– der für sie ideal, für den *aeroben Trainingsbereich* geltende Wert ihres Pulses liegt

Quintessenz der 32. Regel:

Bewege deinen Körper

1. Materie ist geronnene Energie. Energie hat nur dann einen Ein*fluß* auf etwas, wenn sie *fließt*.

2. Leben heißt Fließen, und fließen ist bewegen. Stillstand führt zum Tod. Bewegung ist die Form des Fließens von Materie. Wenn du etwas nicht gebrauchst, verlierst du es. Das gilt besonders für deinen Körper.

3. Gewöhne dich an ein regelmäßiges Bewegungsprogramm. Kinder bis zum Erreichen des Schulalters wissen dies intuitiv. Sie *laufen* täglich etwa zehn Kilometer. Und sie sprühen über vor Lebensfreude. Laufen ist leicht durchführbar und bis ins hohe Alter praktizierbar.

4. Bewege dich einmal am Tag so, daß deine Pulsfrequenz 15 bis 30 Minuten lang zwischen 115 und 135 Schlägen pro Minute liegt. Laufen ist hierfür ideal, aber jede andere Bewegungsform, die diese Frequenz erbringt, ist ebenso geeignet.

5. Wichtig ist: deine Bewegungsform soll dir Freude bereiten. Jede Anstrengung nimmt dir die Freude. Solange du dich lächelnd bewegst, genug Atem hast und dich leicht und locker fühlst, machst du es richtig.

33. Regel: **Sei du selbst**

Das bin ich doch immer, höre ich dich sagen. Schließlich kann ich niemand anders sein. Nun, das nicht, aber wie häufig spielst du eine Rolle? Selten, meinst du? Beobachte einmal dein Verhalten, wenn du mit unterschiedlichen Menschen und Gruppen zusammentriffst, und du wirst feststellen, wie sehr sich dein Verhalten von Gruppe zu Gruppe und von Mensch zu Mensch verändert.

Aber das ist doch logisch, sagst du? Weil du dein Verhalten eben deinen Mitmenschen anpaßt.

Nun gut, aber: Wer bist du dann wirklich? Wer ist das im Kern, den du da immer mit deinem Namen vorstellst? Welche Werte zeichnen dich aus? Wofür stehst du? Was ist dir wirklich wichtig, was nicht? Kennst du deine Fehler und kannst sie annehmen? Kennst du deine Stärken und kannst sie annehmen?

Wer also bist du? – *Erkenne dich selbst* stand einst über dem Orakel zu Delphi – ein Hinweis darauf, daß nur der das Leben zu meistern in der Lage ist, der sich genug Selbsterkenntnis erworben hat.

Der Mensch mag zudem Menschen, die *authentisch,* die *sie selbst* sind. „Glaubwürdig, echt" lautet der deutsche Begriff dafür. Wir können anderen nur etwas glauben, wenn sich in uns dieses Echtheitsgefühl einstellt. Wir alle schätzen seltene Dinge; je seltener etwas ist, desto wertvoller wird es für uns. Gäbe es Gold und Diamanten in Hülle und Fülle, dann besäßen sie in unserem Leben kaum einen Wert. Wenn du dich nun mit offenen Augen und offenem Geist selbst betrachtest, dann stellst du schnell fest, wie überaus selten *du* bist. Es gab und gibt und wird nie einen anderen Menschen geben, der dir genau gleicht und so ist wie du. Du bist absolut einmalig. Niemand hat je deine Anlagen, Fähigkeiten, deine Erfahrungen und Erlebnisse gehabt, niemand hat je deine Gedanken gedacht, niemand sieht die Welt so, wie du sie siehst. Du bist etwas absolut Einmaliges – und damit etwas absolut Wertvolles.

Sei du selbst ist der Weg, den Glanz deiner Einmaligkeit gleichsam zu polieren. Wertvolle und seltene Gegenstände pflegen wir. Wir reinigen sie, wir versuchen, schädliche Einflüsse von diesen Kostbarkeiten fernzuhalten. Wir finden besonders schöne Plätze für sie, wir lieben diese so seltenen und wertvollen Dinge auf bestimmte Weise. Wie nun gehst du mit dir selbst um? Behandelst du dich als Kostbarkeit? Reinigst und pflegst du dich (nicht nur körperlich, sondern auch mental) deinem Wert angemessen? Hast du einen schönen Platz für dich gefunden? Schätzt du deinen Wert richtig ein? Wie groß ist dein Selbstwertgefühl? So groß, daß du dich selbst liebst? Ach, jetzt übertreibe ich, meinst du?

„Liebe deinen Nächsten wie dich selbst" wird oft aus der Bibel zitiert. Gemeint ist damit zweierlei. Zum einen kannst du einen anderen Menschen nur in dem Maße lieben, wie du auch dich selbst zu lieben vermagst. Haßt du dich selbst, wirst du anderen Menschen auch nur mit Haß begegnen können. (Lies hierzu bitte auch die **9. Regel:** *Sprich immer nur gut über andere*). Zum anderen meint dieses Zitat, daß das Maß der Liebe, die dir andere entgegenbringen, immer dem Maß entspricht, mit dem du dich selbst betrachtest. Wenn du dich selbst annimmst, werden dich auch die anderen annehmen. Wenn du geliebt werden willst, so liebe – dich selbst. Wenn du glaubst, dafür gäbe es nun wirklich keinen Grund, dann besitzt du ein zur Zeit sehr niedriges Selbstwertgefühl. Frage dich: Warum sollten andere dir gegenüber ein Gefühl des Wertes entwickeln, wenn du dies nicht einmal selbst tust? Mache dir lieber deine Stärken und Einmaligkeiten bewußt, und dein Selbstwertgefühl wird wachsen.

Je klarer du dich selbst erkennst, desto mehr weißt du, wer, was und wie du bist. Je deutlicher du dich auf dich selbst besinnst, desto eher erkennst du deine Lebensaufgabe. (Lies hierzu bitte auch die **7. Regel:** *Alles in der Natur ist wohlgeordnet*).

Je mehr du dir selbst Aufmerksamkeit entgegenbringst, desto eher wirst du wachsen. (Lies hierzu bitte auch die **6. Regel:** *Das, worauf du deine Aufmerksamkeit richtest, wächst*). *Sei du selbst* ist elementar.

Wenn du statt dessen versuchst, anders zu sein als du bist, oder dich nicht darum kümmerst, wer, was und wie du bist, dann denkst, fühlst und handelst du gegen dich, gegen deine Lebensaufgabe, gegen alles, was du zu erreichen trachtest, egal ob Gesundheit, Wohlstand, Glück oder Erfolg. (Und: alle anderen behandeln dich stets so, wie du dich selbst behandelst.)

Quintessenz der 33. Regel:

Sei du selbst

1. Erkenne dich selbst. Wofür stehst du, was ist dir wichtig? Wer bist du?

2. Du bist nicht nur selten, du bist einmalig – mit allen deinen Gaben. Daher bist du wertvoll. Dich gibt es nur ein einziges Mal.

3. Pflege dich dementsprechend. Sei so gut zu dir wie du nur kannst, du bist das Seltenste und damit Kostbarste, das du je haben wirst. Je mehr du dich an-*erkennst*, umso höher ist dein Selbstwertgefühl. Die höchste Form der Anerkennung ist Liebe.

4. Erinnere das Gesetz der Entsprechung: Je falscher du bist (also je weniger du du selbst bist), desto mehr Falschheit wird dir begegnen. Je echter (authentischer) du bist, desto mehr Ehrlichkeit wird dir begegnen.

5. *Sei du selbst* ist elementar. Je deutlicher du dich auf dich selbst besinnst, desto eher erkennst du deine Lebensaufgabe. Je mehr Aufmerksamkeit du dir selbst entgegenbringst, desto eher wirst du wachsen.

34. Regel: Lerne zu akzeptieren: Sage ja

Das Wort „akzeptieren" ist dem Lateinischen entlehnt und geht auf *ac-cipere* zurück. Dieses Wort wiederum ist die Intensivbildung zu *capere* (kapieren, begreifen, verstehen). Akzeptieren ist also von der Wurzel her die *intensivste* Form des Verstehens, des Verständnisses überhaupt. Nebenbei: Von diesem Wort *capere* kommen auch unsere Worte Kapitol und Kapital. Das eine bezeichnet den Sitz der Weisheit und der Macht, das andere bezeichnet das Vermögen (auch das an Weisheit und Macht).

Wenn du etwas akzeptierst, heißt das, du *erkennst* an, daß etwas oder jemand so ist, wie er oder es ist. Mit anderen Worten: Du kämpfst nicht länger dagegen an. Ein *Nicht*-Akzeptieren ist immer ein Kämpfen gegen etwas oder jemanden. Das heißt, du richtest dann durch den Kampf Aufmerksamkeit und damit Energie auf das, was du eigentlich nicht akzeptieren willst. Du machst also durch das Kämpfen stets das stärker, was du bekämpfst.

Ein solches Vorgehen ist das Gegenteil von Weisheit; es ist einfach dumm. Und doch ist es weit verbreitete Praxis. Ein Kampf zwingt den Bekämpften, sich zu verteidigen. Der Bekämpfte wird all seine kreativen und materiellen Kräfte mobilisieren, um zu überleben. Das Ergebnis ist: Er wird wachsen, stärker werden, eine größere Bedrohung sein als zuvor. Nimm Politiker. Sie kämpfen gegen die Arbeitslosigkeit. Sie richten ihre volle Aufmerksamkeit auf das Problem. Dadurch wächst das Problem stetig, denn es erhält Energie. Die Folge ist: Die Arbeitslosigkeit wird allerorten größer und damit als Problem noch schwerer lösbar. Oder: Die Wirtschaft kämpft gegen die Kostenexplosion. Plötzlich denken alle an Kosten, reden über Kosten, schreiben über Kosten, kontrollieren Kosten, verursachen Kosten in dem Bemühen, den Kosten auf den Grund zu gehen. Die Folge ist: Die Kosten explodieren. Kämpfe gegen etwas an, und es wird wachsen. Darum lerne zu akzeptieren: Sage ja. Denn das schönste Wort, das du sagen kannst, ist „ja". Damit zeigst du wahre Größe.

Sage „ja" zu dem Fehler, den du gemacht hast. Er bietet dir eine wertvolle Lernchance. Wäre er nicht da, könntest du jetzt nicht etwas lernen. Sage „ja" zu den Problemen, die sich dir stellen. Es sind versteckte Lösungen, die nur darauf warten, von dir entdeckt zu werden. Sage „ja" zu der Fünf in der Mathematikarbeit deines Kindes. Vielleicht wird dir damit gezeigt, daß dein Kind viel lieber mit der kreativen rechten Gehirnhälfte arbeitet als mit der logisch orientierten linken. Oder du hast eine Gelegenheit vor dir, gemeinsam mit deinem Kind die geheimnisvolle Welt der Zahlen spielerisch und voller Freude zu entdecken. Vielleicht ist ja diese Fünf der Beginn einer wundervollen Zeit – für euch beide!

Sage „ja" zum fallenden Regen. Ohne den Kreislauf des Wassers könnten wir nicht leben. Entdecke die Schönheit wieder neu, die selbst im Regen liegen kann. Schlechtes Wetter draußen erzeugt immer Gemütlichkeit drinnen. Sage „ja", auch zu deiner Krankheit. Du hast sie bekommen, weil sie eine Botschaft für dich beinhaltet. Erkenne die Botschaft, und die Krankheit wird verschwinden. Lies hierzu Bücher wie KRANKHEIT ALS WEG von Thorwald Dethlefsen und Rüdiger Dahlke oder die Werke von Erhard F. Freitag oder besuche deren Vorträge. Vergleiche hierzu auch die **29. Regel:** *Es gibt keinen Zufall.*

Sage „ja" ist immer ein Gedanke der Fülle; Nein-Sagen ist immer ein Gedanke des Mangels. Wenn du etwas ablehnst, mangelt es dir entweder an Einsicht, oder du kämpfst dagegen an. Dann mangelt es dir an Frieden.

Ja-Sagen ist Stärke, ist Größe. Nicht-Akzeptieren ist Ablehnen. Verweigern ist Zurückweisen: Die Weisheit geht zurück. Demzufolge ist Akzeptieren immer ein Annehmen. Die *Fähigkeit des Annehmens* aber ist die Voraussetzung zum *Erreichen* oder *Manifestieren* aller Dinge – sei es nun Gesundheit, Wohlstand, Glück oder Erfolg.

Wenn du nicht annehmen kannst, was das Leben dir bietet, sagst du damit gleichzeitig etwas über den *Wert* aus, den du dir selbst zu*billigst*. Bist du zum Beispiel eifersüchtig, dann trägst du massive Verlustängste mit dir herum (lies hierzu bitte auch im Anhang die *Eifersuchtsregel*).

Solange du Verlustängste in dir trägst, ganz gleich auf welchem Gebiet, solange bist du dir deiner selbst und deiner Fähigkeit ANZUNEHMEN nicht sicher. Großzügigkeit ist großes, in großen Zügen angelegtes Denken. Darum sage ja, selbst zu der verrücktesten aller Forderungen: zum Seitensprung deines Partners.

Je *groß*zügiger du bist, desto *groß*artiger wird dein Leben sein. Akzeptieren ist die intensivste Form des Verstehens. Akzeptieren ist Liebe.

Quintessenz der 34. Regel:

Lerne zu akzeptieren: Sage ja

1. Akzeptieren ist immer ein Annehmen-Können. Annehmen ist die Voraussetzung für erhalten.

2. Akzeptieren ist das Einstellen des Gegenankämpfens.

3. Ja-Sagen ist akzeptieren. Nein-Sagen ist Gegenankämpfen.

4. Ja-Sagen ist ein Gedanke der Fülle. Ja-Sagen ist immer ein Einladen. Nein-Sagen ist ein Gedanke des Mangels. Nein-Sagen ist immer ein Verweigern.

5. Akzeptieren ist großzügiges Denken. Großzügigkeit ist großartiges, eine in großen Zügen angelegte Art des Denken. Akzeptieren ist die intensivste Form des Verstehens. Akzeptieren ist Liebe.

35. Regel: Achte auf die Schönheit

Wenn du dich kraftlos fühlst, du niedergeschlagen bist oder nur noch träge herumsitzt und dich nicht aufraffen kannst, so besteht das gemeinsame Kennzeichen dieser Zustände darin, daß es dir an Energie fehlt. Daraus darfst du folgern: Versorge dich mit ausreichender Energie, und du bist energisch, kraftvoll, gut drauf und bereit, die sprichwörtlichen Bäume auszureißen. Aber woher nehmen?

Dir stehen mehrere Wege zur Verfügung, dich wieder mit Energie aufzuladen. Der erste besteht in der Nahrungsaufnahme. Dieser Weg ist mit ein paar Stolpersteinen versehen. Zum einen wirkt jede Form der „zurück gebrachten Energie" nur kurze Zeit. Dann mußt du wieder etwas essen, und wenn du jetzt mehr ißt, wirst du träger und kraftloser als vorher. Schlimmstenfalls formulierst du dir einen Glaubenssatz, der ungefähr lautet: „Ich muß nur etwas essen, und schon habe ich Kraft und fühle mich gut." Jetzt hast du ein Eßprogramm entwickelt. Physikalisch könntest du auch sagen, du bist dabei, Energie in Masse zu verwandeln – ehe du dich versiehst, hast du ein paar Kilo zuviel auf der Waage.

Der nächste (negative) Weg, an Energie heranzukommen, ist der, sie sich bei anderen – zu stehlen. Das tust du nicht, sagst du? Ich antworte dir mit der **33. Regel** (*Sei du selbst*) und bitte dich, ehrlich zu dir selbst zu sein.

Hast du je dafür gesorgt, daß andere dir ihre Aufmerksamkeit schenkten? Wenn ja – und wir alle haben das schon getan! –, dann hast du damit dafür gesorgt, daß andere die **6. Regel** gegen sich und für dich eingesetzt haben. Sie haben IHRE Aufmerksamkeit auf DICH konzentriert, und sie haben damit IHRE Energien DIR zukommen lassen. Du hast sie dazu animiert, genauer: sie manipuliert. Es gibt viele Formen dieses Energiediebstahls (du findest sie und ihre negativen Folgen ausführlich beschrieben in den Werken von James Redfield, besonders in DIE PROPHEZEIUNGEN VON CELESTINE).

Wenn du jemanden ärgerst oder einschüchterst, richtet er seine Wut, seinen Ärger bewußt auf dich – und du bekommst seine Energie!

Wenn dich jemand sexuell begehrt, stehst du im Zentrum seiner Aufmerksamkeit – und bekommst seine Energie!

Wenn du dich rar und unnahbar machst und alle Leute zwingst, hinter dir herzulaufen, müssen sie sich auf dich konzentrieren – und du bekommst ihre Energie!

Wenn du jemanden mit Fragen „in die Ecke" drängst, ihn verhörst oder ihm fragend vor Augen führst, wo seine Fehler liegen – sei sicher, du hast seine volle Aufmerksamkeit und damit seine Energie!

Wenn du allen Leuten vorjammerst, wie schlecht du es hast, wie schlimm es dir geht und wie grausam das Schicksal dir mitgespielt hat, erntest du manchmal Mitleid, aber immer Aufmerksamkeit – und damit Energie! Und immer sorgst du so dafür, daß der andere sich anschließend *matt* und *kraftlos* fühlt!

Frage dich einmal, *wann* und *wo* du dich kraftlos fühlst, niedergeschlagen bist, oder nur noch träge herumsitzt und dich nicht aufraffen kannst? Du bist zuvor vielleicht einem Energiedieb begegnet. Denn unsere gesamte Gesellschaft stellt ein einziges Schlachtfeld dar, und die Trophäe, um die alle unbarmherzig ringen, heißt Energie. Jeder Machtkampf, jede Eifersucht, jeder Neid, jede Unterwerfung, jede bewußt herbei geführte

Abhängigkeit von anderen ist eine praktizierte Form dieses Energiediebstahls. Ja, im Grunde geht es den lieben langen Tag um nichts anderes als darum, möglichst viel Energie – und zwar die Energie der anderen! – zu bekommen. Die Folgen sind Entzweiung, Scheidung, Arbeitsplatzverlust, Mobbing, Haß, der Griff zu Drogen, die Flucht in die Krankheit, bis hin zu Auswüchsen wie Amoklauf und Selbstmord. Oder weswegen, glaubst du, werden Kriege geführt?

Nutze lieber den dritten Weg, deine Energie anzuheben: Achte auf deine Umgebung und finde das Schöne darin. *Schönheit* – das kann eine Blume am Wegesrand sein, ein stiller See, ein leuchtender Käfer, ein Bild, ein Sonnenuntergang, das Gesicht deines Gegenübers. *Nimm das Schöne um dich herum wahr, und du nimmst die darin liegende Energie zugleich in dich auf* – ohne jemanden zu schädigen. Achte auf die Schönheit!

Konzentriere dich auf das Schöne, stelle dir vor, wie du die darin liegende Kraft *einatmest*, und du spürst sofort, wie es dir besser geht. Achte auf die Schönheit, und du erhältst überall und jederzeit Energie. Mache es dir zur Gewohnheit. Nutze dazu das 21-Tage-Phänomen (**3. Regel**).

Quintessenz der 35. Regel:

Achte auf die Schönheit

1. Schönheit ist allgegenwärtig – wenn wir sie sehen. Lerne, nicht nur zu schauen, sondern auch zu sehen.

2. Schönheit gibt Kraft in Form von Energie, die du in dich aufnimmst. Konzentriere dich auf die Schönheit, nimm sie wahr (und damit an), wo immer du sie siehst.

3. Schönheit hat viele Erscheinungsformen. Was immer dir als schön erscheint, ist schön – und damit eine Energiequelle für dich. Darum *schone* das *Schöne* (beide Wörter haben denselben Ursprung).

4. Du erhältst die Energie, indem du dich auf die Schönheit konzentrierst. Stelle dir vor, du würdest die Schönheit einatmen, und du spürst sofort, wie es dir besser geht.

5. Je mehr du auf diese Weise Energie in dich aufnimmst, desto weniger Energie mußt du über den Weg der Nahrung in dich aufnehmen. Je mehr Energie (*vaya*) du hast, desto besser fühlst du dich, und umso gesünder bleibst du. Je mehr Energie (*vaya*) du hast, desto weniger wirst du krank, regst dich auf, und umso weniger fällst du zurück in den Versuch, anderen Menschen ihre Energie zu stehlen.

36. Regel: Alles ist eins

Der Begriff UNIVERSUM setzt sich aus lateinisch *uni* und *versum* zusammen. Übersetzt bedeutet es nichts anderes als „alles ist eins" oder das „allein Sciende".

Schon im alten Griechenland stand über dem Orakel zu Delphi geschrieben: Erkenne dich selbst. Damit wurde dem Eintretenden gesagt: Der Weg hin zum Verstehen aller Zusammenhänge liegt *in* dir verborgen und *nicht* außerhalb von dir. Noch unser heutiger Volksmund erinnert sich an diese jahrtausendealte Weisheit, indem er sagt: *Selbsterkenntnis* ist der erste Weg zur Besserung.

Der Weg hin zur Selbsterkenntnis führt jedoch immer nach innen. Diesen Weg kannst du nur *allein* gehen, und viele Denker suchten auch immer wieder die Einsamkeit auf, um allein zu sein. Interessanterweise setzt sich das Wort ALLEIN aus ALL und EIN zusammen. Du kommst also dem Alles-ist-Eins (und seinen universellen Regeln) näher, wenn du all-ein bist. Genauer: wenn du mit dir all-einig bist. Das wirst du, wenn du den Weg nach innen zu dir selbst antrittst. Das ist der Weg des Gebets und der Meditation.

Kennst du das Prinzip eines Hologramms? Wenn du die Glasplatte zerschlägst, auf der das *dreidimensionale* Bild eingeätzt ist (und mit Hilfe eines Lasers sichtbar gemacht werden kann), so behält jedes noch so kleine Bruchstück die Information über das gesamte Bild weiterhin bei. Hast du vom genetischen Code gehört? In jeder Zelle deines Körpers ist die Information über deinen gesamten Körper enthalten, und sie bleibt erhalten, solange eine einzige Zelle deines Körpers bestehen bleibt.

Zertrümmerst du Atome in winzige Teilchen, so behalten die einzelnen Bruchstücke die Information über den Drehimpuls ihrer Schwesterstücke bei, auch wenn sie räumlich weit getrennt sind. Änderst du den Drehimpuls des einen, ändert sich sofort auch der Drehimpuls des anderen, so, als seien sie miteinander verbunden. Und das, obwohl wir (noch) keine Kommunikationsweise dahinter erkennen können. Das Prinzip des Universums scheint es also zu sein, mit Energien und Informationen – losgelöst von der Entfernung – einmal geschaffene Verbindungen auch nach Trennungen *beizubehalten*.

Ist der Gedanke wirklich zu weit hergeholt, daß unser Universum holographisch aufgebaut ist? Dann ist der Gedanke der Trennung eine Illusion. Dann ist alles mit allem verbunden, wie es übrigens alle Weltreligionen seit Jahrtausenden behaupten. Dann ist alles mit allem verbunden, auch wenn es uns als getrennt erscheint. Dann enthält jedes winzige Staubkorn die Information über das gesamte Universum. (Ich bin davon überzeugt: Es ist bezeichnend, daß unsere Atome Miniatur-Sonnensystemen ähneln.) Das hieße aber auch: Du und ich und mit uns alle anderen Menschen, Tiere, Pflanzen, Gegenstände sind – für uns nur noch nicht erkennbar –miteinander verbunden. Dich mit jemandem streiten würde dann bedeuten, du streitest dich mit einem Teil, der mit dir verbunden ist, und ihr beide, du und der andere, gehört einem größeren Ganzen an. Stell' dir vor, dein linker Daumen und dein rechter großer Zeh würden miteinander streiten. Das ist sinnlos, sagst du? Eben.

Wenn alles mit allem verbunden ist, dann heißt das aber auch: Du hast jederzeit Zugriff auf alle Ressourcen, die du brauchst. Du benötigst dazu nicht mehr als deine Erwartung und Vertrauen (ein anderes Wort für Loslassen). Schon Aristoteles sagte:

„Was wir erwarten, werden wir finden."

Im Universum geht jede Entwicklung den Weg des geringsten Widerstands. Aus der **30. Regel** kennst du die Realisierungsformel $R = E^2 A L$. Die Idee des holographisch aufgebauten Universums macht erahnbar, *warum* unsere Erwartungen (hoch zwei) eintreffen, *wenn* wir darauf *vertrauen*, daß sie es tun.

Alles ist möglich dem, der da glaubt. Dieser Satz bei Matthäus bekommt nun eine völlig andere, von Kirche und Religion losgelöste erweiterte Bedeutung. Er besagt nämlich nichts anderes, als daß dieses *bewußte* Universum – dessen Augen wir sind, durch die es sich selbst betrachtet – uns unsere Erwartungen *bewußt* erfüllt. Dies umso mehr, je deutlicher wir den Erwartungen des Universums an uns entsprechen. Dies tun wir, indem wir unsere *Lebensaufgabe* finden und erfüllen. So finden wir Erfüllung.

So einfach ist das – und perfekt. Schwierig ist es, dies nicht nur zu wissen, sondern auch zu leben. Am schwierigsten aber ist es, es zu wissen und NICHT nach den Regeln zu leben, Woraus folgt, daß es für jeden von uns – für dich und für mich – am leichtesten ist, diese universell gültigen Regeln einfach anzunehmen. Lernen wir zu akzeptieren. Sagen wir ja.

Quintessenz der 36. Regel:

Alles ist eins

1. *Uni versum* = alles ist eins.

2. Du bist mit allem und jedem unsichtbar verbunden.

3. Das Universum blickt durch deine Augen gleichsam auf sich selbst. Alle anderen Menschen (und Tiere, Pflanzen) stellen ebenfalls Augen dar, mit denen das Universum auf sich selbst blickt. Blickst du in andere Augen, blickst du im Grunde in deine eigenen Augen.

4. Das Universum hat mit dir eine Ab*sicht* in sich selbst geschickt. Diese Absicht trägt den Namen deiner *Lebensaufgabe*.

5. All deine Erwartungen sind jedem Teil des Universums bekannt, und zwar in dem Moment, da du sie hast, weil du hinter dem Sichtbaren mit allem verbunden bist. Deshalb reagiert das Universum auf dich. Und da du zweifelsfrei ein Teil des Universums bist, reagiert es im Kern „nur" auf sich selbst.

Teil II

Die Sonderregeln

Die Anwendungs-Regel

Die Geld-Regel I

Die Notfall-Regel

Die Geld-Regel II

Die Eifersuchtsregel

Die Geld-Regel III

Die Schmerz-Regel

Anstelle eines Nachwortes – die Meta-Regel

Die Anwendungs-Regel:
So machst du mehr daraus

Mache dir bitte eins bewußt: Die vorgestellten 36 UNIVERSEL-
LEN LEBENSREGELN gelten, ob sie dir nun bewußt sind oder
nicht. Dein gesamtes Leben hat bisher so stattgefunden, *weil*
es diese Regeln gibt und weil sie immer gültig sind. Es wird
auch weiterhin im Kontext dieser Regeln stattfinden, ob du sie
nun bejahst oder nicht. Den UNIVERSELLEN LEBENSREGELN ist
das egal.

Gleichwohl kannst du alle Prozesse in deinem Leben be-
schleunigen, wenn du dir der Existenz der Regeln bewußt bist
und bleibst. Einfach, weil du in allen Lebenssituationen weniger
Reibungsverluste erleidest, wenn du aufmerksam bist und dich
den Regeln entsprechend verhältst.

Je weniger du den Regeln folgst in deinem Denken, desto
weniger bist du im Einklang mit deiner näheren und weiteren
Umgebung. Bist du nicht im Einklang, fungierst du als Mißton.
Du störst somit die energetischen Schwingungen, die um dich
sind. Dadurch entstehen ER-eignisse, deren -FOLGEn du wirst
tragen müssen: Störungen, Reibungsverluste, Bremseffekte, die
dich daran hindern, ein erfülltes Leben zu leben. Gesundheit,
Wohlstand, Glück und Erfolg – und alles, was du damit in deiner
Vorstellung verbindest – steht dir zu und zu deiner Verfügung,
wenn du es an dich *heranläßt*.

Der erste Schritt dazu besteht darin, die hier beschriebenen
LEBENSREGELN an dich heranzulassen.

Schenke jeden Tag einer anderen Regel deine volle Aufmerksamkeit. Wähle ab heute jeden Tag eine Regel aus – wie, ist

völlig nebensächlich. Am besten ist es, du läßt deine Intuition entscheiden. Nimm die Methode, die dir heute am willkommensten ist. Lies alle Regeln nacheinander, also jeden Tag eine, oder schlage eine Seite willkürlich auf, oder schau ins Inhaltsverzeichnis und wähle die Regel, die dich jetzt eben gerade am meisten anspricht, und lies sie dir aufmerksam und entspannt durch.

Bestimme am besten einen festen Tageszeitpunkt, um dich jeden Tag mit einer der Regeln zu beschäftigen. Lies sie dir durch, denke darüber nach, und halte deine eigenen Gedanken dazu in kurzen Stichworten fest. Idealerweise schaffst du dir dazu ein kleines Notizbuch an, in dem du nur deine Gedanken zu den Regeln – und Erlebnisse (und sei gewiß, die kommen garantiert) – festhältst.

Trage die UNIVERSELLEN LEBENSREGELN ferner stets bei dir. Nutze unvorhergesehene Pausen, Wartezeiten, Reisezeiten immer wieder dazu, dich in die Regeln zu vertiefen. Überlege dir beim Lesen, was du heute in bezug auf die von dir gewählte Regel anders machen könntest als gewöhnlich. Laß die Regeln dein dich stets begleitender Ratgeber und Freund in allen „Erwerbslagen" sein.

Manche Verhaltensänderungen werden dir leicht, andere schwerer fallen. Erinnere dich dann immer wieder bewußt an die **3. Regel** und nutze *das 21-Tage-Phänomen*, um das von dir gewünschte neue, geänderte Verhalten als neue Gewohnheit an dich zu binden. Führst du einen Terminkalender, dann trage die Regel, die du am Morgen ausgewählt hast, als Tagesmotto in deinen Kalender ein. So erinnerst du dich immer wieder selbst daran, auf die entsprechende Regel zu achten. Laß am Abend den Tag ausklingen, indem du dir selbst kurz bestätigst – z.B. durch ein Symbol in deinem Kalender –, ob und wie du die „Regel des Tages" angewendet hast.

Denke immer an die **30. Regel**: *Wende die Realisierungsformel an.* Die Formel gilt natürlich auch für die Realisierung der Regeln selbst. Erwarte, daß die Regeln wirken, und sie werden es tun. Es sei denn, du befürchtest (= erwartest) das Gegenteil.

Die 36 UNIVERSELLEN LEBENSREGELN sorgen dafür, daß du alles in deinem Leben bekommst, was du bekommen möchtest. Nur heißt das zugleich aber immer, einen entsprechenden Preis für das zu entrichten, was du bekommen möchtest. Der Preis, den du tagtäglich entrichten wirst, wenn du Gesundheit, Wohlstand, Glück und Erfolg in dein Leben ziehen möchtest, ist – Aufmerksamkeit.

Achte auf das, was geschieht, *wenn* du dich den Regeln öffnest und sie an dich heranläßt. Bist du aufmerksam, dann siehst und erkennst du, wie sich die Verhältnisse in deinem Leben zu ändern beginnen. Sei aufmerksam und wende täglich die Regeln an, und sie werden sich in ihrer Gültigkeit dir immer wieder selbst beweisen.

Es geschieht nichts Gutes, außer man tut es! schrieb Erich Kästner. Wie wahr.

Quintessenz der Anwendungs-Regel:

So machst du mehr daraus

1. Die UNIVERSELLEN LEBENSREGELN gelten, ob du sie nun bewußt anwendest oder nicht. Sie sind, sie umgeben dich, sie sind all-gültig. Die UNIVERSELLEN LEBENSREGELN zu akzeptieren bedeutet, deine Reibungsverluste zu mindern.

2. Mache es dir zur Gewohnheit, dich jeden Tag mit einer der Regeln zu beschäftigen. Beim Frühstück, auf dem Weg zur Arbeit – finde einen festen Tageszeitpunkt, den du dem Studium der Regeln widmest.

3. Widme jeder Regel einzeln deine Aufmerksamkeit. Alle sind miteinander verknüpft; folge den Verknüpfungshinweisen. Wenn du dich regelmäßig mit ihnen beschäftigst, wird ihre Wirksamkeit für dich „automatisch" wachsen.

4. Wenn es dir nicht gelingt, dein Ziel zu erreichen, dann hast du gegen mindestens eine der Regeln verstoßen.

5. Die UNIVERSELLEN LEBENSREGELN verlangen von dir in einigen Lebensbereichen ein möglicherweise radikales Umdenken. Sie fordern dich aus deiner gewohnten Denkweise heraus. Sie bilden somit eine Herausforderung für deine bisherigen Ansichten. Denke bitte daran: Es ist nicht wichtig, ob du dich in der Vergangenheit nach den UNIVERSELLEN LEBENSREGELN gerichtet hast oder nicht. Wichtig ist, ob du dich ab heute nach ihnen richten magst.
Denn nur was du mit Freude machst, wird dich erfüllen.

Die Geld-Regel I:
Geld fließt dorthin,
wo es am besten fließen kann

Geld ist fließende Energie, schreibt Stuart Wilde. Es sich als flüssig vorzustellen, hilft sehr, sich seinem Wesen zu nähern. Sogar im Alltag reden wir davon, daß jemand „flüssig" ist und meinen damit, daß er in der Lage ist zu bezahlen.

Ist es denn legitim, von Geld als „fließender Energie" zu sprechen? Nun, Geld ist Materie, und Materie ist geronnene Energie. Genaugenommen ist Geld sogar die flüssigste Form unter allen fließfähigen Materiearten.

Geldströme (!) fließen in Sekundenschnelle einmal um den Erdball. Was, frage ich dich, fließt schneller als Geld?

Wenn du dein Geld zu horten beginnst, hinderst *du* es daran zu fließen. Geld will fließen und sucht sich immer Orte aus, wo es besonders leicht fließen kann.

Die Extremform des Hortens ist Geiz. Das aber stellt für die fließende Energieform Geld den Stillstand dar. Er ist Festhalten, das Gegenteil von Fließen.

Trägst du nun sogenannte *Anti-Reichtums-Programme* mit dir herum, hinderst du das Geld daran, in deiner Nähe zu fließen. Deshalb fließt es nur ungern zu dir. Anti-Reichtums-Programme sind Denkgewohnheiten, in denen du Geld, Besitz, Wohlstand und Luxus ablehnst. Wenn du Besitz als Ausbeutung, Luxus als dekadent und Genuß als frevelhaft betrachtest, dann kultivierst du Anti-Reichtums-Programme. Wie du Programme änderst, steht in der **1.** und **2. Regel** beschrieben.

Traust du dich nicht, dein Geld zu investieren, denkst du Gedanken des Mangels. Geld aber bevorzugt Orte, an denen Gedanken der Fülle vorherrschen. Geld will fließen – denk dir hilfsweise, Geld sei ein intelligentes Geschöpf und könne sich wohl oder unwohl fühlen. Wird es festgehalten, fühlt es sich eingesperrt. Läßt du es gerne gehen, freut es sich schon darauf, wieder zu dir zurückzukehren. Wahrscheinlich bringt es sogar gleich ein paar Freunde mit.

Gibst du Geld ungern aus, trennst dich also nur schweren Herzens von deinem Geld, dann schränkst du die Freiheit des Geldes ein. Stell dir vor, es spürt, daß du es gern an die Kette legen würdest. Was würdest *du* anstelle des Geldes tun? Richtig, in Zukunft einen weiten Bogen um dich machen. Empfindest du einen Preis als zu teuer? Dann lies bitte auch die **17. Regel:** *Aktion ist immer gleich Reaktion.*

Hast du Schulden und wunderst dich, daß deine Schulden immer höher werden? Stell' dir auch hier hilfsweise vor, dein Geld erkennt, daß du weniger als nichts dein eigen nennst – eben Schulden. Die Zwänge, die du dadurch hast (Verpflichtungen der Rückzahlung, dein schlechtes Gewissen, deine Not, wenn deine Schulden dir bis zum Hals stehen), diese Zwänge „spürt" das Geld, und wo Zwang ist, da kann es schlechter fließen als andernorts. Also macht es einen großen Bogen um dich und sagt auch seinen Freunden Bescheid. Die Folge: Du hast immer weniger Geld zu deiner Verfügung. Und mit diesem sinkenden Wert sinkt auch dein Selbstwertgefühl.

Darum erkenne, was du wirklich wert bist. Du bist mehr als nur die Summe deiner Schulden. Triff (in deiner Vorstellung) mit dem „Wesen" Geld ein Abkommen: Du sorgst in Zukunft dafür, daß es in deiner Nähe besonders gut fließen kann, und dafür fließt das Geld auch besonders reichlich immer wieder in deine MITTEL-BARE Nähe.

Auf diesem Planeten existiert eine ungeheure Fülle an Geld. Die Kunst besteht darin, es in deine Richtung fließen zu lassen. Lies bitte hierzu die **28. Regel:** (*Du kannst ein Ziel nur erreichen, wenn du bereits dort bist, ehe du losgehst*).

Denke: „Ich bin bereits Millionär, auch wenn das Geld zur Zeit noch nicht auf meinem Konto ist. Aber es ist schon auf dem Weg zu mir!"

Erwarte einfach das Geld. Das bedeutet: Glaube daran, daß Geld zu dir unterwegs ist. Je größer deine sichere Erwartung ist, desto größer ist deine Anziehungskraft. Sei offenen Geistes (SOG) für diese ver-rückte Sichtweise.

Nutze diese „Zauber"-Formel (sie stammt von dem Erfolgstrainer Jürgen Höller) als Mantra:

Ab sofort lebe ich in absolutem Reichtum und Wohlstand in allen Bereichen!

Wiederhole sie, so oft du kannst. Sieh deinen Wohlstand schon jetzt als gegeben an. Lege alle freudige Erwartung hinein. Und dann vertraue deiner Vision und der Kraft deiner Erwartung.

Quintessenz der Geld-Regel I:

Geld fließt dorthin, wo es am besten fließen kann

1. Geld ist fließende Energie.

2. Ihr Zweck ist Fließen. Jede Störung des Fließvermögens wirkt sich in zunehmender Abwesenheit des Geldflusses aus. Jedes Erhöhen des Fließvermögens wirkt sich in zunehmender Anwesenheit des Geldflusses aus.

3. Schulden sind Umgebungen von Zwang. Geld meidet Zwang, weil es wie alles im Universum den Weg des geringsten Widerstandes geht.

4. Freiwillig geben bedeutet den Fluß erhöhen. Darum ist Geben seliger denn Nehmen. Gib regelmäßig ein Zehntel deines Einkommens an Menschen in Not und an die, denen du deinen Erfolg verdankst.

5. Wenn du dich in deiner Vorstellung *nicht* als wohlhabend sehen kannst, dann wird das Universum über dein Unterbewußtsein diesen Mangel in deinem Denken erfolgreich wahrmachen. Du wirst nie wohlhabend sein. Armut kommt von „arm an Mut" – vielleicht sogar arm an dem speziellen Mut, den du brauchst, um die UNIVERSELLEN LEBENSREGELN vollständig zu akzeptieren und anzuwenden.
Tu einfach so, als ob du den Mut hättest - und du wirst ihn haben.

Die Notfall-Regel:
Glaube an dich selbst

Dies ist die Regel für den Fall, daß du mit dem Rücken zur Wand stehst. Auf deinem Weg hin zu dem Maß an Gesundheit, Wohlstand, Glück und Erfolg, das du dir ersehnst, wirst du möglicherweise Rückschläge erleiden. Du wirst „tote Punkte" erreichen und dich fragen, was das alles soll, du wirst Zeiten erleben, in denen nichts mehr weitergehen will, in denen du anstelle von Gewinnen Verluste erzielst, in denen du dich fragst: „Was ist hier bloß los?"

In solchen Momenten beginnst du dich unwillkürlich anzustrengen – und verstößt damit gegen mehr als die Hälfte der UNIVERSELLEN LEBENSREGELN. Dir wird als Folge davon sogleich Energie entzogen, und du fängst an, in alte Verhaltensweisen zurückzufallen. In krassen Fällen entwickelst du jetzt Ängste und Befürchtungen. In solchen Momenten richtest du deine Aufmerksamkeit also auf Aspekte, die dich gefährden – und verstärkst damit ihren Einfluß, so daß sie dir noch stärker gefährlich werden.

Wenn um dich herum alles „in Trümmern" liegt oder zu zerfallen beginnt, dann ist das wirklich Dümmste, was du nun tun kannst, dich mit den Trümmern oder dem Zerfall selbst zu beschäftigen. Du machst sie damit nur stärker. Das, worauf du deine Aufmerksamkeit richtest, wächst.

Richte deine Aufmerksamkeit daher statt dessen auf das einzige, das dir bleibt – auf dich selbst. Denn wenn es jetzt gilt, irgendwen oder irgend etwas *stärker* werden zu lassen, *dann bist du das*. Und nichts und niemand sonst.

Da du die Summe deiner Glaubenssysteme bist, kannst du nur dort ansetzen, wenn du etwas verändern willst. Der tiefste und innigste Glaubenssatz, den du besitzt, *ist* der Glaube an dich selbst. Er enthält den *Wert*, den du dir selbst zu*billigst*. Je billiger, also wertloser dein Glaubenssatz über dich selbst ist, desto wichtiger ist es, diesen Kern von dir zu stärken, jetzt, wo alles darauf ankommt. Also richte deine Aufmerksamkeit auf dich selbst. Denn das, worauf du deine Aufmerksamkeit richtest, wächst.

Da, wo die Aufmerksamkeit hingeht, geht auch die Energie hin. Wenn du den Glauben an dich selbst nicht verlierst, dann bleibt dir dieser Wert in jeder Lage, in jeder Situation erhalten. Du nimmst ihn überall mit hin, selbst ins Gefängnis oder ins Krankenhaus. Glaube an dich selbst.

Wenn du an dich selbst glaubst, dann glaubst du auch an die Wirksamkeit der 36 UNIVERSELLEN SPIELREGELN. Denn im Kern sagen sie alle, daß *du* die Ursache bist, der Schöpfer deines Schicksals, der Gestalter deiner Umgebung. Wenn dein Glaube an dich stark ist, dann glaubst du auch an die Kraft der Erwartungen, denn Erwartungen sind nichts anderes als der Glaube an das Eintreten eines Ereignisses. ErINNERE die Realisierungsformel $R = E^2 A L$ der **30. Regel**.

Dale Carnegie beschreibt in seinem wundervollen Buch SORGE DICH NICHT – LEBE die ideale Verhaltensweise für Notfall- und Krisensituationen. Er bezeichnet sie als Zauberformel.

Die erste Stufe ist die ehrliche Analyse: *Was ist das Schlimmste, das dir in der derzeitigen Situation passieren kann?* Das Beruhigende an dem Gedanken ist – mehr kann nicht passieren!

Die zweite Stufe ist das Akzeptieren: *Finde dich damit ab, es notfalls auf dich zu nehmen.*

Die dritte Stufe ist die Schadensbegrenzung: *Verwende deine gesamte Kraft* (deine Vorstellung und deine Aktion) *darauf, das Schlimmste, gegen das du ja nicht mehr kämpfst, so weit es geht abzuwenden.* Hast du nichts mehr zu verlieren, heißt das zugleich, du hast alles zu gewinnen! Carnegie zitiert an dieser Stelle auch den Philosophen Lin Yutang: „Wahren inneren Frieden gewinnt man, wenn man das Schlimmste willig auf sich nimmt. [...] Dies bedeutet meiner Ansicht nach ein Freiwerden von Kräften."

Genauso ist es. Das Schlimmste notfalls zu akzeptieren ist ein Loslassen. Wenn ich es akzeptiert habe, es bejaht habe, ist auch keine Furcht, keine Aufmerksamkeit mehr da. Denn meine Aufmerksamkeit richte ich jetzt auf meine Vorstellung und meine Aktion des Abwendens. Damit entziehe ich dem Schlimmsten gleich dreifach Energie. Ich *erwarte* jetzt das Abwenden. Ich bin *aktiv* dabei, es abzuwenden. Und ich habe *losgelassen*. Nach der Formel $R = E^2 A L$ steigere ich so E, A und L gleichzeitig.

Wenn du also weiterhin an dich selbst glaubst, wird es auch das Universum tun. Denn alles ist eins.

Quintessenz der Notfall-Regel:

Glaube an dich selbst

1. Wenn *du* nicht selbst an dich glaubst – wer dann?

2. Wenn du mit dem Rücken zur Wand stehst, gebrauche die „Zauberformel" nach Dale Carnegie:

   1. Was ist das Schlimmste, was dir passieren kann?
   2. Finde dich damit ab, es notfalls auf dich zu nehmen.
   3. Verwende deine gesamte Kraft darauf, das Schlimmste, gegen das du ja jetzt nicht mehr kämpfst, so weit es geht abzuwenden.

3. In jeder Entwicklung gibt es eine Phase der Ruhe. Wenn nichts sich mehr bewegen will, prüfe, ob du nicht gerade eben jetzt diese Phase der (notwendigen) Ruhe erlebst.

4. Wenn du beginnst, dich anzustrengen, verstößt du gegen etliche der UNIVERSELLEN LEBENSREGELN. Wenn du statt dessen Freude bei deinem Tun erlebst, vermehrst du deinen Vitalstrom und damit die Kraft deines Tuns.

5. Wenn du weiterhin an dich selbst glaubst, wird es auch das Universum tun. Denn alles ist eins.

Die Geld-Regel II:
Geld drückt den Wert
deines Nutzens für andere aus

Geld ist fließende Energie – und zugleich der Maßstab des
Nutzens, den du anderen bietest. Geld drückt also immer deinen
Nutzen aus, den andere durch dich erfahren. Verdienst du wenig
Geld, ist dein Nutzen für andere gering. Ist dein Nutzen für an-
dere hoch, ist dein Verdienst ebenfalls hoch. Es ist das Gesetz
der Entsprechung. Das Universum ist absolut gerecht.

Worin besteht dein Nutzen? Viele denken darüber nicht oder
nur wenig nach. Sie machen ihren Job und erwarten dafür bezahlt zu werden.

Dabei ist es überall zu beobachten: Steigert jemand den Nutzen, den er bietet, so fließt automatisch auch mehr Geld in seine
Richtung. Lebst du in Armut, ist das immer ein Zeichen für
dein Armsein an Mut, anderen einen deutlich besseren Nutzen
zu bieten.

Bitte beachte: *Zuerst* mußt du einen höheren Nutzen bieten,
ehe das große Geld zu dir kommen kann. Geben ist seliger denn
nehmen: Zuerst mußt du geben, ehe du erhalten kannst.

Viele Menschen denken merkwürdigerweise anders. Sie sagen,
sie würden ja gern mehr Nutzen bieten, wenn man sie nur besser
bezahlen würde. Sie warten also darauf, daß sie *zuerst* besser
bezahlt werden, bevor sie bereit sind, einen besseren Nutzen zu
bieten. Und sie jammern über die Ungerechtigkeit der Welt, weil
man sie so schlecht bezahlt. Dabei erfahren sie nur die absolute
Gerechtigkeit dieses Universums: Ihr Nutzen, den sie bieten, ist
klein, und folglich werden sie nur mäßig bezahlt. Darum mache

dir, wenn du Wohlstand erwerben willst, diese Forderung zu eigen: *Biete anderen einen Nutzen.*

Aber wie, fragst du vielleicht? Erinnere dich: Vermögen kommt von mögen. Das, was du am meisten magst, ist das, was du am besten vermagst. Konzentriere dich also auf das, was du hast, kannst und weißt. Du hast viel (und sei es „nur" eine klare Vorstellung) von dem, was du am meisten magst. Du kannst das am besten, was du am meisten magst. Und du weißt darüber am besten Bescheid, was du am meisten magst.

Die meisten Menschen konzentrieren sich statt dessen auf das, was sie NICHT *haben*, NICHT *können* und NICHT *wissen*. Sie richten ihre Aufmerksamkeit auf die Umstände, darauf, warum etwas nicht geht. Das, worauf du deine Aufmerksamkeit richtest, wächst. Also wird, wenn du so denkst, dein NICHT-Haben, dein NICHT-Können und dein NICHT-Wissen wachsen. Damit bist du Ent-Werter und kein Ver-Werter.

Die Welt ist voller ungelöster Probleme. Du hast eine besondere Affinität zu den Problemen, die du lösen kannst, denn Probleme, die du nicht lösen kannst, würdest du als solche gar nicht erkennen. Hinter jedem Problem aber stehen Menschen, die es haben.

Gehe einmal aufmerksam durch deine Stadt und notiere dir die vielen ungelösten Probleme um dich herum. Die Ideen, die dir sofort kommen, sind MÖG-licherweise (wenn du sie magst) sehr viel Geld wert.

Und frage dich selbst: Welche Probleme hast du?

Viele andere, denen es ähnlich geht, die in ähnlichen Verhältnissen leben (also etwa gleichaltrig sind, oder gleich groß, gleich schwer, die gleiche Haarfarbe haben, im gleichen Stadtviertel leben, das gleiche Mensa-Essen zu sich nehmen, das gleiche

Hobby haben, den gleichen Schulweg nehmen, das gleiche Auto fahren, dem gleichen Hauttyp angehören usw., die also in irgendeiner Weise einer gleichen Gruppe angehören wie du), haben in diesem Bereich ähnliche Probleme wie du.

Du weißt am besten, wie deine ideale Lösung aussieht. Entwickle jetzt eine Idee, ein Konzept, einen Plan, wie du diese ideale Lösung (siehe die **5. Regel**) den anderen zukommen lassen könntest, also: wie du ihnen einen überzeugenden Nutzen bieten kannst. Und schon nutzt du ganz nebenbei das Gesetz der großen Zahl (der **11. Regel**), weil du nicht nur dein Problem gelöst hast, sondern das von vielen.

Wohlstand erwächst allein aus diesen zwei Bedingungen:

1. Biete anderen einen Nutzen.
2. Konzentriere dich auf das, was du hast, kannst und weißt.

Versuche es nicht. Tue es. Und *erwarte* den Erfolg. Den Rest übernimmt das reagierende Universum.

Quintessenz der Geld-Regel II:

Geld drückt den Wert
deines Nutzens für andere aus

1. Biete anderen einen (möglichst überzeugenden) Nutzen.

2. Konzentriere dich auf das, was du hast, kannst und weißt.

3. Versuche es nicht. Versuchen ist eine Vorabentschuldigung für dein – schon in deinem Denken vorhandenes – Scheitern. Tue es oder lasse es. Wer etwas versuchen will, der *erwartet*, daß etwas schiefgeht.

4. Die Welt ist voller ungelöster Probleme. Die Probleme, die du erkennen kannst, sind genau die Probleme, die du lösen kannst (sonst könntest du sie nicht erkennen). Ein Regenwurm hätte deine Probleme nicht, weil er gar nicht in der Lage wäre, sie zu erkennen (und zu lösen). Daraus folgt: Du bist in der Lage, dein Problem zu lösen, weil du es hast, sprich: als solches erkennen kannst.

5. Erwarte deinen Erfolg. Deine Erwartung hoch zwei bestimmt maßgeblich deinen Grad an Realisierung (nach der aus dem Ohmschen Gesetz abgeleiteten Realisierungsformel $R = E^2AL$ der 30. Regel).

Die Eifersuchts-Regel:
Wenn du eifersüchtig bist, empfindest du immer einen Mangel

„Eifersucht ist eine Leidenschaft, die mit Eifer sucht, was Leiden schafft." Diese alte Volksweisheit *weist* unmißverständlich darauf hin, daß Eifersucht ein grundsätzlich schädigendes Verhalten ist. Dennoch gehört Eifersucht leider zum Leben der meisten Menschen, und für viele ist es unvorstellbar, *nicht* eifersüchtig zu sein. Die meisten Morde, Scheidungen und Beziehungsdramen geschehen aus Eifersucht. Eifersüchtig sein heißt immer, Mangel zu empfinden. Mangel zu empfinden ist Armutsdenken.

Wenn *du* eifersüchtig bist, dann herrscht in deinen persönlichen Beziehungen *Armutsdenken* als Glaubenssystem vor. Das aber ist das Gegenteil von bekommen oder erhalten. Es macht dich ärmer. Was führt dich nun zur Eifersucht?

1. Du nimmst an, du besäßest ein Besitzrecht an deinem Partner oder deiner Partnerin. Du hast also Angst vor Besitzverlust. Denkst du so, dann bedenke bitte: Niemand kann jemals einen anderen Menschen besitzen, ohne ihm gleichzeitig die Freiheit zu nehmen. Nimmst du einem Menschen aber die Freiheit, nimmst du ihm gleichzeitig das Recht, zu leben, wie er es möchte. Denkst du, daß dein Partner dir ge*hört*, dann *hört* eure Partnerschaft in diesem Moment auf, eine zu sein. Denn du erhöhst dich deinem Partner gegenüber, und deinen Partner machst du zu jemandem, der deiner Ansicht folgen muß. *Er gehört dir* bedeutet doch, du hast über ihn Verfügungsgewalt. Du bestimmst dann, wen dein Partner lieben darf: nämlich dich und niemanden sonst. Ist das

Liebe? Nein, das ist Zwang. Zwang ist immer Festhalten, und Festhalten ist Ausübung von Macht, ist Unterdrückung – die Vorboten des Hasses.

2. Du nimmst an, der andere Mensch, mit dem sich dein Partner trifft, sei gekommen, um dir deinen Partner zu nehmen. Auch das ist Angst vor Besitzverlust. Denkst du so, dann richtest du deine Aufmerksamkeit gerade auf dieses Nehmen und machst es damit erst wahrscheinlich. Das, was du erwartest, tritt ein. Versuchst du mit Gewalt, deinen Partner festzuhalten, wird er mit der gleichen Kraft dagegenhalten und von dir fortstreben. Das heißt, du gibst ihm erst die Energie, sich von dir zu entfernen.

3. Du nimmst an, der andere Mensch sei in irgendeiner Weise besser (schöner, reicher, attraktiver usw.) als du. Du hast dann Angst vor einem Vergleich, der zu deinen Ungunsten ausfallen könnte. Denkst du so, dann geht es dir gar nicht um deinen Partner, sondern allein um dein Selbstwertgefühl. Du fürchtest, nicht so attraktiv, so reich, so schön zu sein. Du sorgst dich um dein Ego. Du hast somit Armutsgedanken, die auf dich selbst bezogen sind. Du denkst, du seist weniger Wert. Hast du aber Armutsgedanken, gleich welcher Art, dann wirst du immer verlieren und nicht erhalten. Auch keine Beziehung erhalten...

Jemanden wirklich lieben heißt, daß dir die Bedürfnisse deines Partners ebenso wichtig sind wie deine eigenen, oder sogar noch wichtiger. Dann erfüllst du deinem Partner *alle* Wünsche, und, wenn das nicht geht, dann gönnst du ihm *alles*, was er oder sie sich wünscht. Dann ist es dein Wunsch, daß dein Partner glücklich ist – *egal, was es dazu braucht.* Deine Partnerin, dein Partner ist *freiwillig* bei dir. Hat er, hat sie dennoch Wünsche, die du ihm oder ihr nicht erfüllen kannst (vielleicht sind es körperliche Attribute, über die du einfach nicht verfügst, oder

Vorlieben, die nicht die deinen sind), was ist denn wirklich so schlimm daran, wenn dein Partner sich diese Wünsche anderswo erfüllt? Verlierst du etwas?

Nein, du gewinnst die Zufriedenheit deines Partners hinzu, du gewinnst einen glücklichen Partner, der durch dein *Akzeptieren* glücklich geworden ist.

Verweigerst du ihm die Erfüllung dieser Dinge allerdings, so wird der Wunsch in ihm danach nur immer stärker werden, und eure Liebe wird früher oder später darunter leiden. Wenn es für deinen Partner wichtig ist, das zu erleben, dann gönne es ihr oder ihm, akzeptiere es und sage ja. Auch wenn es dir schwerfällt – es ist der leichtere Weg, weil er nicht zerstört, sondern zusammenhält.

Kannst du das nicht, dann frage dich, warum du *diesen* Glaubenssatz hast und ob er gut für dich und deine Beziehung ist. Sehr wahrscheinlich ist er das nicht.

Sich wirklich lieben heißt, sich darüber freuen zu können, wenn es dem anderen gutgeht. Denn dein Partner liebt dich ebenfalls – sonst wäre er gleich dort geblieben. Aber er ist zurück – obwohl es Dinge gibt, die bei dir für sie oder ihn nicht zu finden waren. *Darum freue dich, wenn dein Partner eine schöne Zeit hatte.* Dafür wird er – sie – dich umso mehr lieben. Akzeptieren ist Annehmen. Wie willst du etwas hinzugewinnen, wenn du nicht annehmen kannst?

Quintessenz der Eifersuchts-Regel:

Wenn du eifersüchtig bist, empfindest du immer einen Mangel

1. Eifersucht ist immer ein Anzeichen von Mangel in deinem Denken.

2. Lieben ist Loslassen können. Kannst du nicht loslassen, sorgst du dich mehr um dich als um den anderen. Damit übst du Zwang aus. Dies erzeugt immer eine Gegenkraft, die sich gegen dich richtet.

3. Wenn du eifersüchtig bist, verminderst du deinen (Selbst-) Wert. Du sorgst dich um dein Ego, dabei ist dein Ego nur eine Erfindung deines Verstandes, der annimmt, er sei du.

4. Wenn du eifersüchtig bist, dann hast du einen Glaubenssatz in dir, der besagt, du müßtest in dieser Situation eifersüchtig sein. Frage dich, ob du diesen Glaubenssatz wirklich brauchst und ob er aufbauend oder zerstörerisch ist.

5. Du kannst nur eifersüchtig sein, wenn deine Energie niedrig ist. Denn eifersüchtig zu sein bedeutet: Du fühlst dich bedroht. Nur wer wenig Macht empfindet (= einen geringen Energielevel hat), kann sich bedroht fühlen. Darum erhöhe deine Energie, anstatt zu toben (was dich nur noch mehr Energie kostet). Konzentriere dich auf die Schönheit, wie es die **35. Regel** empfiehlt.

Die Geld-Regel III:
Geld drückt den Wert
deiner Wertschätzung aus

„Was wir säen, werden wir ernten." Dieser Satz ist so einfach, daß viele ihn für banal halten und deshalb kaum darüber nachdenken. Dieser Satz ist so logisch, daß viele ihn für lächerlich halten. „Das weiß doch jedes Kind."

Stimmt, aber weißt du es auch? Und säst du auch entsprechend? Denn das heißt doch: Wenn du Wohlstand ernten willst, dann mußt du *vorher* auch Wohlstand säen.

Wohlstand säst du immer dann, wenn du einer hohen Wertschätzung Ausdruck verleihst. Armut säst du immer dann, wenn du mangelnde Wertschätzung zeigst. Und zwar allem gegenüber: anderen Menschen, den Tieren, den Pflanzen, Unternehmen, Maschinen, der Umwelt ...

Was also säst du – Wertschätzung oder Wertminderung?

Wohlstand ist eine Einstellung, eine Frage des Bewußtseins. Keine Frage des Bankkontos. Dein Bankkonto füllt sich ab dem Moment, an dem alles in deinem Denken, in deiner Wertschätzung für das, was dich umgibt, WOHL STEHT. *Stehen* die Dinge, Menschen und Ereignisse für dich in deiner Bewertung *wohl*, stehen sie für dich am richtigen Platz, dann mißt du ihnen eine hohe Wertschätzung zu.

Wenn du einen Reichen triffst, kannst du ihm dann ehrlichen Herzens zu seinem Reichtum gratulieren und dich mit ihm darüber freuen? Wenn du eine Rechnung bekommst, bezahlst du sie dann sofort, korrekt und voller Freude? Erstens, weil du die damit verknüpfte Leistung ja schon bekommen hast (und es nur

194

fair ist, jetzt auch dafür zu bezahlen), und zweitens, weil du auch diesmal wieder so preisgünstig eingekauft hast?

Da Aktion in diesem Universum gleich Reaktion ist, säst du damit eine Reaktion, die dich *wohl stehen* läßt. (Lies bitte hierzu noch einmal die **17. Regel:** *Aktion ist immer gleich Reaktion*).

Oder säst du Wertminderung, in Form von Neid, in Form von „Das-ist-zu-teuer-Denken", lang hinausgezögerten Zahlungen und praktiziertem Geiz? Bist du Verwerter oder Entwerter?

Darum säe Reichtum und Wohlstand, wenn du Wohlstand und Reichtum ernten willst. So einfach ist das.

Bringe allem und jedem eine möglichst hohe Wertschätzung entgegen. Behandle deine Mitarbeiter und Kollegen wertvoll. Pflege und warte deine Arbeitsmittel, deinen Besitz, dein Heim. Schone und schütze die Umwelt, und denke daran, auch dich selbst hoch wertzuschätzen.

Wir leben in einem bewußten, reagierenden Universum, dessen Funktion es ist, auf Bewußtsein zu reagieren. Dabei ist es dem Universum egal, wie dieses Bewußtsein, auf das es in jedem Fall reagiert, „gestrickt" ist. Das Universum bewertet nicht, es reagiert. Du bekommst als Reaktion, was in deinem Bewußtsein als Aktion (Denken, Sprechen, Tun) angelegt ist.

Es ist für mich ein immer wieder faszinierender Gedanke, wie das Universum in seiner Gleich-Gültigkeit genauso reagiert wie unser Unterbewußtsein. Alles ist eins ...

Jemanden zu übervorteilen meint in unserem Sprachgebrauch, ihn insofern zu betrügen, als daß wir ihm nicht alle Nachteile seiner Entscheidung nennen. Jemanden zu übervorteilen ist somit ein negatives Verhalten.

Wenn du jemanden übervorteilst, fügst du ihm also Schaden zu. Das ist Wertminderungssäen par excellence.

Das Gegenteil davon wäre, dich selbst zu übervorteilen, richtig? Nimm das einmal wörtlich: Du ÜBER-schüttest dich mit VORTEIL-en. Du mißt dem anderen einen höheren Wert zu, wenn du ehrlich zu ihm bist. Du gibst ihm einen Vorteil. Als Folge davon wirst du mit Vorteilen überschüttet werden. Aktion ist gleich Reaktion.

Wie war das, als du die 36 UNIVERSELLEN LEBENSREGELN gekauft hast? Empfandest du den Preis des Buches als zu teuer? Als gerade richtig? Als absolut preisgünstig, weil du mit Hilfe der Regeln alles realisierenen kannst, was immer du willst?

Falls du selbst deine Preise bestimmen kannst und sie öfter senkst (oder Rabatte gewährst), weil das auch deine Mitbewerber machen, so denke daran: Auch eine Preissenkung ist eine Wertminderung. In mehrfacher Hinsicht. Du nimmst dann an, deine Kunden haben nicht so viel Geld, um den eigentlichen Preis zu bezahlen. Du minderst zudem den Wert deiner eigenen Produktion. Und du sorgst für die Wertminderung in den Reihen deiner Mitbewerber, die deine Preise auch beobachten und ihrerseits denken „da muß ich mitziehen ..." So wird Armut erzeugt.

Schätze also den Wert dessen, was dich umgibt, hoch ein. Das Geld, das dir zufließt, zeigt dir in seiner Summe lediglich die Höhe deiner tatsächlichen Wertschätzung.

Quintessenz der Geld-Regel III:

Geld drückt den Wert deiner Wertschätzung aus

1. Wohlstand tritt ein, wenn in deinem Denken alles um dich herum wohl steht. Anders ausgedrückt: wenn du es stehen lassen kannst, ohne dagegen zu sein.

2. Mangelnde Wertschätzung ist Wertminderung.

3. Preissenkungen sind Wertminderungen. Nachlässe geben heißt, du läßt nach. Nachlässigkeit ist mangelnde Aufmerksamkeit. Das, worauf du weniger achtest, wird weniger.

4. Der Geldfluß zu dir zurück zeigt dir den Grad deiner Wertschätzung.

5. Über-vorteile dich selbst. Es ist der sicherste Weg, mit Vorteilen überhäuft zu werden. Es meint, deinem Gegenüber ehrlich zu begegnen.

Die Schmerz-Regel:
Höre auf mit dem, was du gerade tust

Wenn ich von Schmerz spreche, meine ich die körperlichen *und* seelischen Schmerzen. Die Natur – oder das Universum, Gott, ganz wie du willst – gibt dir Schmerzen, damit du *aufhörst* mit dem, was du gerade tust. Du hast immer dann Schmerzen, wenn dein augenblickliches Tun schädlich ist für dich. Niemals sonst. Eindeutig gilt dies für deine HAND-lungen. Wenn du eine Hand auf die sprichwörtliche heiße Herdplatte legst, tut es weh, und es ist besser, damit schnellstens aufzuhören. Das leuchtet jedem leicht ein. Aber was ist mit deinem gedanklichen Tun?

Du kannst sehr wohl körperliche Schmerzen haben, ohne daß eine erkennbare organische Verletzung vorliegt, einfach weil dein gedankliches Tun – dein Denken – schädlich ist für dich. *Höre auf mit dem, was du gerade tust* meint daher ganz besonders: Achte auf das, was du gerade gedanklich tust, womit du dich beschäftigst, wenn du körperliche Schmerzen bekommst. Dein Geist geht immer voran, die Materie – dein Körper – folgt nach.

Kummer läßt den Körper verkümmern. Gedankenschmerz läßt nach kurzer Zeit körperlichen Schmerz entstehen. Wenn du die **8. Regel** (*Alles, was du tust, machst du aus einem einzigen Grund*) liest, weißt du, daß Schmerz und Freude Gegenpole sind und all dein Tun immer vom Schmerz weg und hin zur Freude strebt.

Aber manchmal folgen wir diesem natürlichen Streben nicht und verharren im Schmerz. Wir machen wider besseres Wissen weiter, obwohl der Schmerz bereits spürbar ist. Wir hören trotz seelischer oder körperlicher Schmerzen nicht auf mit dem, was wir gerade tun. Weil wir dem Druck von außen meinen nachgeben zu müssen. Oder uns selbst Zwang auferlegt haben. Sehr oft haben wir dann dem Verstand die Kontrolle überlassen, der uns Dinge sagt wie „Halte durch, schließlich brauchst du das Geld", oder: „Du bist schließlich eine Verpflichtung eingegangen," oder: „Wer A sagt, muß auch B sagen".

Um es ganz eindeutig zu sagen: Ich bin sehr *für* eingegangene Verpflichtungen (siehe dazu auch die **31. Regel:** *Mache deinen ersten Schritt innerhalb von 72 Stunden*), aber nur unter einer bindenden Voraussetzung: Du mußt es selbst wollen.

Solange du etwas aus dir selbst heraus willst, ist die Beschäftigung damit etwas, das dir Freude bringt. Verlierst du die Freude, bewegst du dich unwillkürlich auf den Schmerz zu.

Doch du bist ein Mensch, und das heißt: Du kannst und darfst und wirst dich irren. Erkennst du einen Irrweg – weil du Schmerzen bekommst –, dann nimm Abstand von dem, womit du dich gerade beschäftigst. Höre sofort auf mit dem, was du gerade tust. Und zwar in aller Konsequenz!

Nichts und niemand ist es wert, daß du dafür leidest. Ist deine Ehe ein Ort des Schmerzes – beende sie. Ist dein Arbeitsplatz ein Ort der Erniedrigung – verlaß ihn. Was immer für dich zur Qual wird: Du hast immer die Wahl, es sofort zu beenden. Merke dir dafür das umgekehrte Sprichwort: „Wer die Qual hat, hat die Wahl." Wenn du dafür Hilfe brauchst, so suche sie. Erwarte sie, und sie wird eintreten.

Wenn du jetzt Gedanken hast wie „aber ich kann doch nicht, weil ...", dann mache dir bewußt: Du zitierst nur einen Glaubenssatz. Wenn du es willst, kannst du. Es gibt immer eine Lösung.

Denke bei seelischen Schmerzen bitte auch immer an die **26. Regel**: *Wenn du bedrückt bist, so tue etwas anderes.* Manchmal hilft nur wirklich radikales anderes Tun. Finde heraus, was die Quelle deines Schmerzes ist. Hast du es herausgefunden, dann wende dich rigoros davon ab.

Schenke der Quelle keine Aufmerksamkeit mehr. Wenn es nötig ist, gehe fort. Das geht am einfachsten, indem du dir eine neue Quelle der Freude suchst und ihr ab sofort deine ungeteilte Aufmerksamkeit widmest.

Quellen der Freude sind immer Dinge, Personen, Orte oder Geschehnisse, die einen Aspekt der Schönheit enthalten. Schönheit aber ist zugleich immer eine Quelle der Energie.

Nimm die Schönheit so intensiv wahr wie du kannst, und dein Energieniveau wird sich erhöhen. Steigt deine Energie, heilst du; einfach, weil du dadurch *heile*, im Sinne von *vollständiger* wirst. VOLL-STÄNDIG kommt von vollem Stand. Du bist unvollständig, wenn du leidest. Höre darum auf mit dem, was du gerade tust.

Quintessenz der Schmerz-Regel:

Höre auf mit dem, was du gerade tust

1. Schmerz ist immer eine Warnung: bis hierher und nicht weiter.

2. Auch wenn du keinen Zusammenhang zwischen deinem Schmerz und deinen Handlungen und Gedanken erkennen kannst – sie bestehen. Selbst wenn du eine einfache Grippe bekommst, wofür scheinbar Viren die Ursache sind, so sind diese Keime nicht die wahre, eigentliche Ursache. Sie sind nur Informationsdatenträger *über* die Krankheit. Dein Immunsystem kann sie nur nicht bekämpfen, weil es zu schwach ist. Ihm fehlt die Energie in Form des Vitalstroms oder *vaya*. Dein Energieniveau ist nicht VOLL-STÄNDIG. Damit bist du nicht *heile*, mit anderen Worten: du leidest. Dein Vitalstrom ist deswegen niedrig, weil deine Erwartungen niedrig sind und/oder deine Widerstände (Konflikte) hoch. Erinnere dich: Hast du schon einmal eine Grippe bekommen, als du glücklich verliebt warst?

3. Wer die Qual hat, hat die Wahl. Wähle etwas anderes aus. Höre auf mit dem, was du gerade tust.

4. Irren ist menschlich. Unmenschlich ist es, den über die Schmerzen (die Warnung) erkannten Irrweg weiter zu gehen.

5. Wenn es notwendig ist, verlasse die Situation, in der du dich befindest. NOT-WENDIG meint, du kannst die *Not wenden*,

wenn du das tust, was dazu notwendig ist. *Not* entsteht dann, wenn der *Ton* (deiner Umgebung, dazu zählst du selbst auch) nicht mehr harmonisch ist. So wie der TON zu NOT wird, wird aus deinem LEBEN tückischer NEBEL, wenn du in die verkehrte Richtung gehst. Darum kehre um, sobald du körperliche oder seelische Schmerzen als Hinweis bekommst. Höre auf mit dem, was du gerade tust.

Anstelle eines Nachwortes –
Die Meta-Regel: Wenn, dann richtig

Du hast die UNIVERSELLEN SPIELREGELN FÜR EIN ERFÜLLTES LEBEN gelesen. Du hast Zeit und Geld für den Erwerb des Buches investiert, einen Teil deiner Lebenszeit dem Lesen gewidmet. Jetzt stehst du vielleicht vor deinem Regal, um das Buch zu den vielen anderen Ratgebern und Lebenshilfebüchern zu stellen, die dort schon selig ruhen.

Wenn du eine Entsch-EID-ung triffst, wenn du dich also entschließt, etwas zu tun – dann mache es richtig. Alles andere wäre Verschwendung. Richtig kommt von richtungs-WEISE-nd. Welche Richtung nimmst du nun?

Es genügt nicht zu wissen, man muß auch tun.

Dieser weise Satz gilt vielleicht besonders für die UNIVER-SELLEN LEBENSREGELN.

Sie sind nicht das Papier wert, auf dem sie stehen, wenn du ihnen keinen Wert gibst, wenn du sie nicht wert-schätzt.

Du hast dich mit den Regeln beschäftigt. Dann setze sie auch für dich und dein Leben ein. Du hast diese Regeln nicht zufällig zur Hand genommen, weil es keinen Zufall gibt. Sie sind zu dir gekommen, wie du zu ihnen gekommen bist: aufgrund einer anziehenden Kraft, die in deinem Denken begründet ist.

Wenn der Schüler bereit ist, erscheint der Lehrer. So heißt es im Buddhismus. Auch Bücher sind Lehrer. Du warst und bist bereit, die in den Regeln beschriebenen Prinzipien umzusetzen. Sonst hättest du dich nicht mit ihnen beschäftigt.

Die meisten Menschen machen sich keine Gedanken über ihre Gedanken. Du schon. Du weißt jetzt um die Wichtigkeit deiner

Suche nach deiner Lebensaufgabe. Du bist den ersten Schritt bereits gegangen, indem du meinen Gedanken bis hierher gefolgt bist. Nun setze du den zweiten Schritt und damit deinen Weg fort. Wenn, dann richtig.

Vielleicht macht dich die pure Anzahl der Regeln mutlos, und du fragst dich: Wo soll ich bitte beginnen? Ist das der Fall, dann gestehst du dir – vielleicht sogar zum ersten Mal – selbst gegenüber ein, daß du arm bist: arm an Mut. Ich versichere dir: Es ist völlig belanglos, *wo* du beginnst, welche Regel du als erstes verstehen und umsetzen möchtest, und wie lange es dauert, bis du alle Regeln verstehst und umsetzt.

Wichtig allein ist, *daß* du beginnst. Und nicht irgendwie, sondern konsequent. Nicht morgen, sondern heute. Nicht in einer Stunde, sondern jetzt. Fange an, und bleibe dabei. Aber bitte nur, wenn du es wirklich willst! Nicht, weil ich es schreibe.

Vielleicht gehörst du auch zu den Menschen, die mit einem Buch allein ihre alten, festgefahrenen Gewohnheiten nicht verändern können (obwohl auch das „nur" ein Glaubenssatz ist). Das ist völlig in Ordnung; vielen geht es so.

Dann sei konsequent und schaffe dir die Lernumgebung, die du brauchst. Wenn du willst, setze dich per Mail, Fax oder Brief mit mir in Verbindung. Wenn ich helfen kann, dann gern.

Wie du weißt (weil du das Vorwort gelesen hast), führe ich Seminare zu den in den Regeln beschriebenen Themen durch. Ich würde mich freuen, wenn wir uns dort einmal persönlich kennenlernen. Wenn du die Regeln gern „in den Griff" kriegen möchtest, ein Buch allein dir aber zu wenig ist, du vielleicht noch ein wenig Motivation brauchst – dann handle. Sei konsequent. Wenn, dann richtig.

Tu was du willst. Diese Regel funktioniert nicht ohne das Tun.

Die *Realisierungsformel* R = E² A L funktioniert nicht ohne das A, die Aktion.

Das, was du erwartest, tritt ein. Stellst du die UNIVERSELLEN SPIELREGELN jetzt ins Regal, ohne daß du etwas damit anfängst, dann erwartest du, daß sich nichts in deinem Leben verändern wird. Und genau das wird eintreten.

Das, worauf du deine Aufmerksamkeit richtest, wächst. Sind die Regeln erst einmal aus deiner REICH-weite, dann richtest du deine Aufmerksamkeit auf andere Dinge. Das ist völlig in Ordnung. Nur wundere dich dann nicht, wenn andere Dinge in deinem Leben mehr wachsen als deine Fähigkeit zu bekommen was immer du willst. Gesundheit, Wohlstand, Glück und Erfolg – daraus setzt sich deine Zufriedenheit zusammen. Erfüllung ist Leben, angefüllt mit Zu-FRIEDE-enheit. Gib dir selbst eine Chance und gehe weiter.

Danke für dein Lesen. Friede sei mit dir. Ich wünsche dir dein Bestes!

Michael H. Buchholz

Teil III

Anhänge

Anhang I:

Die neun Grundbefehle deines Unterbewußtseins

1. *Alles ist eins.* Damit weiß dein Unterbewußtsein um die Grundwahrheit des Universums, nämlich darum, daß alles mit allem verbunden ist und eine untrennbare Einheit bildet.

2. *Alles ist real.* Re-al ist eine Zusammensetzung aus ägyptisch *Re* (göttlich) und ägyptisch *al* (vom Geist durchdrungen). Damit weiß dein Unterbewußtsein, daß alles eine geistige Schöpfung ist, je nach Stärke und Schwingung mehr oder weniger stofflich. Die indischen Upanischaden sagen seit Jahrtausenden, Materie sei die unterste Stufe von Geist, und Geist die höchste Stufe von Materie. Wenn alles real ist, heißt das, deinem Unterbewußtsein ist es gleich, ob du etwas nur denkst oder tatsächlich tust. Es wird beides für wahr halten. Wenn du denkst, du bist ein Gewinner, dann wird es dich so steuern, als wärst du ein Gewinner.

3. *Es gibt keinen Unterschied zwischen innen und außen.* Damit ist deinem Unterbewußtsein die Fähigkeit genommen, andere als von dir getrennt zu begreifen. Wenn du über andere sprichst, meint es, du sprichst über dich. Es weiß gar nicht, daß da draußen andere sind. Wenn du über andere negativ redest, meint es, du redest von dir. Wenn du gut von ihnen denkst, meint es, du meinst dich. Es kann nicht zwischen dir und anderen unterscheiden. Das gilt für Gedanken und Worte, denn Worte sind nur gesprochene Gedanken.

4. *Was immer dir gezeigt wird, sollst du von Energie in Materie umwandeln.* Das ist der Grundhandlungsbefehl deines Unterbewußtseins. Du zeigst ihm ein geistiges Bild (einen Wunsch, den du hast), und fortan arbeitet dein Unterbewußtsein daran, diesen Wunsch *Real*-ität werden zu lassen, ihn zu verstofflichen. Du zeigst ihm Dinge (Bilder, Gegenstände, Filme, Personen), und dein Unterbewußtsein wird auch sie als Wunsch begreifen, den es für dich verwirklichen, also verstofflichen soll.

5. *Mache immer alles genau so wie gezeigt, stelle nie etwas in Frage.* Damit ist dem Unterbewußtsein jede Form der Kritik oder der Entscheidungsfindung genommen. Du zeigst ihm etwas, und es wird für seine Verwirklichung aktiv. Dafür ist es da. Gut oder böse, richtig oder falsch kann es nicht erkennen. (Um Unterschiede zu erkennen, dafür hast du dein Bewußtsein, mit dem du rechnest, vergleichst und bewertest.)

6. *Je häufiger dir etwas gezeigt wird, desto wichtiger ist es.* Das ist der einzige Prioritätenmaßstab, den dein Unterbewußtsein bei der Erfüllung deiner Wünsche und Absichten kennt (Ausnahmen sind die Sicherung deiner Grundbedürfnisse wie Überleben und Nahrungs/Energie-Aufnahme; deren Priorität liegt noch darüber).

7. *Je häufiger dir etwas gezeigt wird, desto überzeugter wirst du.* Das zeigt, daß die Fähigkeit des Glaubenkönnens im Grundprogramm deines Unterbewußtseins angelegt ist.

8. *Begriffe sind schön, Bilder sind immer schöner (und werden daher bevorzugt).* Dein Unterbewußtsein hört und sieht immer mit, aber es reagiert auf Bilder weitaus intensiver als nur auf Worte und Begriffe.

9. *Betrachte alles absolut; Verneinungen existieren nicht.* Dein Unterbewußtsein versteht jeden Gedanken, jedes Wort absolut. Minus eins ist immer eins, nein ist immer ein ja, kein ist immer ein. Bitte laß mich *nicht* krank werden heißt immer: Bitte *laß* mich krank werden. Dein Unterbewußtsein kann Verneinungen deswegen nicht verstehen, weil es in Bildern denkt. Wenn du dir selbst sagst: „Denke nicht an Schokolade“, dann zwingst du dein Unterbewußtsein, sich jetzt Schokolade vorzustellen. Alle deine Aufgaben, Vorhaben, Zielformulierungen, auch deine Anweisungen an andere, verkehren sich in ihr Gegenteil, wenn du sie verneint formulierst. Jedes „nicht“, jedes „kein“ wird überlesen, wird ignoriert, als existiere es nicht.

Der Satz: „Ich will nicht mehr rauchen"

wird zu: „Ich will ~~nicht~~ mehr rauchen", also zu „Ich will mehr rauchen."

Beinahe jede/r gescheiterte Mit-dem-Rauchen-aufhören-Wollende/r hat mir bestätigt, daß nach Abbruch des Aufhör-Versuchs der Zigarettenkonsum spürbar angestiegen ist.

Quintessenz der neun Grundbefehle:

Nach diesen Befehlen arbeitet dein Unterbewußtsein

1. Alles ist eins.

2. Alles ist real.

3. Es gibt keinen Unterschied zwischen innen und außen.

4. Was immer dir gezeigt wird, sollst du von Energie in Materie umwandeln.

5. Mache immer alles exakt so wie gezeigt; stelle nie etwas in Frage.

6. Je häufiger dir etwas gezeigt wird, desto wichtiger ist es.

7. Je häufiger dir etwas gezeigt wird, desto überzeugter wirst du.

8. Begriffe sind schön, Bilder sind immer schöner (und werden daher bevorzugt).

9. Betrachte alles absolut; Verneinungen existieren nicht.

Anhang II:

Der Leitfaden für deine Ernährung

Was wir essen, wann wir essen und wie wir essen hat einen direkten Einfluß auf unsere Leistungsfähigkeit und unser Wohlergehen. Die **21. Regel:** (*Das, was du am meisten magst, ist das, was du am besten vermagst*) gibt dir einen unmißverständlichen Hinweis auf deine Fähigkeit der Energiegewinnung durch Nahrung. Das was du am meisten magst – deine Lieblingsspeise –, ist das, was du am besten zu verdauen vermagst, also in Energie umsetzen kannst. Dein Körper gibt dir somit immer ein eindeutiges Signal, was er gerade benötigt. Das gilt nicht nur für dein LEIB-gericht, sondern auch für dein augenblickliches Lieblingsessen, sprich das, worauf du momentan Appetit hast. Appetit kommt von dem lateinischen *petere* (zu erreichen suchen, verlangen), von dem sich übrigens auch das deutsche Wort *Feder* ableitet (siehe hierzu auch die **18. Regel:** *Schreibe deine Ziele auf*).

Oft aber ist dein Appetit fehlgerichtet und zeigt wie eine falsch gehende Uhr irrige Werte an. Dann ißt du, obwohl du längst satt bist, oder du ißt Dinge, nach deren „Genuß" du dich unwohl fühlst. Dein *Wohlbefinden* nach dem Essen ist der untrügliche Richtwert, nach dem du deinen Appetit immer wieder neu ausrichten solltest, ebenso die Art deiner Nahrung und den Zeitpunkt, zu dem du etwas ißt.

Die wichtigsten Ernährungsregeln sind:

1. *Achte darauf, daß alles, was du ißt, dir schmeckt.* Verzichte auf alles, was du nicht magst.

2. *Was immer du ißt, genieße es.* Genuß ist Mögen pur. Fehlt dir die Zeit oder der rechte Ort, um zu genießen, iß wirklich nur eine Kleinigkeit (wenn es denn sein muß). Verschiebe deine Mahlzeit auf einen geeigneteren Zeitpunkt und einen angenehmeren Ort, wenn du kannst. Was du genießt, verschlingst du nicht.

3. *Sorge für ausgewogene Nahrung.* Nimm immer mehr Gemüse und Salate als Fleisch zu dir (im Verhältnis 2:1). Iß möglichst weniger und dafür magereres Fleisch. Ersetze Fleisch öfter durch Fisch. Ersetze tierische Fette durch pflanzliche Öle. Wenn du schon etwas Alkoholisches zu dir nehmen willst, dann ersetze Bier durch Wein. Warum? Gegenfrage: Hast du schon mal von einem „Weinbauch" gehört? Trinke zum Wein immer die gleiche Menge Wasser. Iß Obst täglich und reichlich. Trinke viel – 2,5 Liter täglich.

4. *Dein Auge ißt mit.* Ein schön gedeckter Tisch, ein appetitlich angerichteter Teller sind Schönheitsaspekte. Je schöner etwas ist, desto mehr Energie gewinnen wir daraus. Mit anderen Worten: Je schöner die gesamte Atmosphäre deiner Mahlzeiten ist, desto weniger Nahrung brauchst du zur Energiegewinnung zu dir zu nehmen. Kerzen und leise Musik sind besser als Essen im Stehen.

5. *Stell deine Nahrung nach deinem Wohlbefinden um.* Meide Diäten, wenn sie für dich anstrengend sind. Iß lieber, was dir schmeckt, und sorge für regelmäßige und ausreichende Bewegung (lies hierzu bitte auch die **32. Regel:** *Bewege deinen Körper*).

6. *Iß, wenn du hungrig bist.* Das ist das Zeichen deines Körpers, daß dein Energielevel unter seinen Sollwert gefallen ist. Zu essen, nur weil eine bestimmte Stunde schlägt, ist töricht. Achte auf den kleinen Hunger. Öfter etwas weniger essen ist besser als nur wenige, dafür aber umso UMFANG-REICHere Mahlzeiten einzunehmen.

7. *Je naturbelassener (= wertvoller) deine Nahrung ist, desto gesünder ist sie.* Je gesünder sie ist, desto weniger brauchst du davon. Wenn du einen großen Teil davon roh essen magst (z. B. Getreide, Obst, Gemüse, Nüsse, pflanzliche Öle), umso besser.

8. *Genußmittel sind zum Genießen da.* Zuckerhaltiges (Schokolade), Kaffee, Alkohol – sie heißen nicht umsonst Genußmittel. Das heißt: Wenn du dich entscheidest, sie zu dir zu nehmen, dann *genieße* sie. Ein schlechtes Gewissen deswegen zu haben ist überflüssig. Schüttest und stopfst du sie allerdings wahllos und in Mengen in dich hinein, dann genießt du sie nicht mehr. Dann sind es nicht länger Nahrungsmittel, sondern Zuschütt- und Betäubungsmittel. Du mißbrauchst sie, um etwas völlig anderes zuzuschütten (damit du es nicht mehr siehst) oder um dich taub zu machen für eine *Botschaft*, die du nicht hören willst – obwohl du genau weißt, wie wichtig sie für dich ist.

Hinweise zum Abnehmen –

falls du übergewichtig bist und das ändern willst

1. Akzeptiere es: Du wiegst zu diesem Zeitpunkt einfach zuviel.

2. Entwickle eine Vision, in der du dich in Gedanken so sehen kannst, wie du sein möchtest. Wie du sein möchtest = dein Idealgewicht (vergiß alle anderen Tabellen). Gehe in diesen Tagtraum und halte dich täglich darin auf, so oft du kannst. Freue dich über das, was du in dieser Vision, in diesem Tagtraum von dir und mit dir siehst und erlebst. Verliebe dich in dich selbst (in deinen Wunschanblick).

3. Dein Ziel ist nicht, abzunehmen (das ist der Weg zum Ziel); dein Ziel ist es, schlank zu sein.

4. Erwarte, daß du dich – zu einem von dir als realistisch angesehenen Zeitpunkt – nackt im Spiegel betrachten kannst und dich dein Anblick glücklich macht. Erwarten heißt glauben. Was du erwartest, tritt ein.

5. Iß nur, wenn du hungrig bist, und höre auf, wenn du nicht mehr hungrig bist. Achte auf dein Wohlgefühl.

6. Trinke mehr als üblich, möglichst zwischen 2,5 und 3 Liter täglich. Verzichte eine Weile auf Alkohol.

7. Kaufe dir jetzt schon ein teures Kleid oder Kleidungsstück, das du an dem unter 4. genannten Zeitpunkt tragen wirst.

8. Bewege deinen Körper regelmäßig. Möglichst, wie es dir Spaß macht, und so, daß es dir Spaß macht. (Mehr dazu lies unter der **32. Regel:** *Bewege deinen Körper*).

9. Iß ab heute ausschließlich frisches Obst zum Frühstück. Auch wenn du ein anderes Programm hast, z. B. „Eier mit Speck". Mit der **3. Regel:** (*Beherzige das 21-Tage-Phänomen*) kannst du das leicht ändern.

   Warum frisches Obst? Wir sind so „konstruiert", daß wir aus frischem Obst am leichtesten unsere Energie gewinnen können. Es ist das *Ur-Frühstück* schlechthin. Es war uns vor langer Zeit einmal so *nah*, daß wir nach dieser NAH-rung nur die Hand auszustrecken brauchten. Wir sind heute noch (biologisch) dieselben wie damals. Was damals gut und richtig war, ist es noch heute.

Über den Autor

Michael H. Buchholz, Bildungsreferent der Wirtschaft, war Inhaber des Persönlichkeits-Entwicklungs-Instituts Mind-Frame© Mentaltraining in Hannover. Dort wohnte er auch mit seiner Familie (unter der liebsamen Duldung seiner Katzen). Ab 1993 leitete er als gefragter Persönlichkeitstrainer Seminare mit vielen tausend begeisterten Teilnehmer/-innen.

Sein besonderes Interesse galt seit langem der Wiederentdeckung verborgenen und der Anwendung bisher unangewandten Wissens. Zudem war er persönlicher Coach von namhaften Führungskräften der deutschen Wirtschaft sowie von Privatpersonen. Michael H. Buchholz verstarb 2017.

Bisherige Veröffentlichungen:

Alles was du willst, Düsseldorf, 2000
Tu was du willst, Aachen, 2002

Daneben über zwanzig Romane, teils unter Pseudonym, in den Genres Science Fiction und Fantasy.

Literaturverzeichnis

Adrienne, Carol: *Erkenntnis und Zufall*, München, 1999

Besser-Siegmund, Cora:
 a) Denk dich nach vorn, Düsseldorf und München, 1999
 b) Denk dich schön, Düsseldorf und München, 1996
 c) Magic Words, Düsseldorf, 1995
 d) Du mußt nicht bleiben, wie du bist,
   Düsseldorf, Wien und New York, 1993

Birkenbihl, Vera F.:
 a) Erfolgstraining, Landsberg am Lech, 1998
 b) Stroh im Kopf? – Gebrauchsanleitung fürs Gehirn,
   Landsberg am Lech, 1998
 c) (auftretend in): *Alpha – Sichtweisen für das 3. Jahrtausend*:
   Denken (Video-Reihe des Bayrischen Rundfunks)
 d) (auftretend in): *Alpha – Sichtweisen für das 3. Jahrtausend:*
   Denken II (Video-Reihe des Bayrischen Rundfunks)
 e) Gehirn-gerechte Einführung in die Quantenphysik (Video)
 f) Gehirn-gerechte Einführung in das Thema Komplexität (Video)
 g) Pragmatische Esoterik im Alltag (Video)

Carlson, Richard:
 a) Reg dich nicht auf, München, 1999
 b) Werde glücklich, werde reich, München, 1999
 c) Alles kein Problem, München, 1998

Carr, Allan: *Endlich Wunschgewicht*, München, 1997

Clason, George S.: *Der reichste Mann von Babylon*, Zürich, 1998

Covey, Stephen R.: *Der Weg zum Wesentlichen*,
  Frankfurt/Main, 1997

Dethlefsen, Thorwald, und Dahlke, Rüdiger: *Krankheit als Weg*,
  München, 1979

Dyer, Wayne W.: *Die Kunst, Berge zu versetzen*,
  Landsberg am Lech, 1993

Egli, René:
 a) Das LOL²A-Prinzip, Oetwil a.d.L., 1996
 b) Die Formel des Reichtums, Oetwil a.d. L., 1998

Fisher, Mark:
    a) Das innere Geheimnis des Reichtums / Die neue Kunst des Liebens, Freiburg i. Br., 1999
    b) Der alte Mann und das Geheimnis der Rose, Darmstadt, 1997

Freitag, Erhard F.: *Kraftzentrale Unterbewußtsein*, München, 1992

Goswami, Amit: *Das bewußte Universum*, Freiburg i. Br., 1997

Hastings, Julia: *Sie können haben, was Sie wollen*, Kreuzlingen, 1997

Jackson, Adam:
    a) Die zehn Geheimnisse des Glücks, München, 1997
    b) Die zehn Geheimnisse der Liebe, München, 1997

Kummer, Peter:
    a) Ab heute besser drauf, München, 1995
    b) Ich kann, ich will, ich werde, München, 1997

Mewes, Wolfgang: *EKS®. Die Strategie*, Pfungstadt, 1998

Millman, Dan:
    a) Der Pfad des friedvollen Kriegers, München, 1998
    b) Die Rückkehr des friedvollen Kriegers, Bern, München, Wien, 1998
    c) Die Lebenszahl als Lebensweg, Bern. München, Wien, 1993

Mohr, Bärbel:
    a) Bestellungen beim Universum, Düsseldorf, 1998
    b) Der kosmische Bestellservice, Düsseldorf, 1999

Nørretranders, Thor: *Spüre die Welt*, Reinbek bei Hamburg, 1997

Patent, Arnold M.: *Du kriegst, was du willst*, München, 1995

Redfield, James:
    a) Die Prophezeiungen von Celestine, München, 1996
    b) Die zehnte Prophezeiung, München, 1996
    c) Die Vision von Celestine, München, 1997
    d) Das Geheimnis von Shambhala, München, 1999

Robbins, Anthony:
    a) Grenzenlose Energie – das Power-Prinzip, München, 1993
    b) Das Robbins Power Prinzip, München, 1993

Schäfer, Bodo: *Ein Hund namens Money*, München, 1999

Seiwert, Lothar J.: *Wenn du es eilig hast, gehe langsam*, Frankfurt/Main, 1998

Silva, José:
> *a)* zus. mit Burt Goldman: *Die Silva Mind Methode*, München, 1991
> *b)* zus. mit Robert B. Stone: *Der Heiler in dir*, München, 1990
> *c)* zus. mit Philip Miele: *Silva Mind Control*, München, 1991

Sprenger, Reinhard K.: *Die Entscheidung liegt bei dir*, Frankfurt/Main, New York, 1997

Sylver, Marshall: *Elan, Erfolg und Energie*, München, 1996

Tepperwein, Kurt: *Kraftquelle Mentaltraining*, Genf, 1986

Tompkins, Peter, und Bird, Christopher: *Das geheime Leben der Pflanzen*, Frankfurt, 1977

Wilde, Stuart: *Geld - Fließende Energie*, München, 1996

(Ohne Autor): *Ein Kurs in Wundern*, Gutach i. Br., 1994

Buchempfehlungen:

Das beste Buch über den Umgang mit Finanzen, das ich kenne, ist DER REICHSTE MANN VON BABYLON von **George S. Clason**. Endlich ist es in deutsch erhältlich – ein wundervolles Buch.

BESTELLUNGEN BEIM UNIVERSUM von **Bärbel Mohr**: Ein verrücktes Buch und damit liebenswert. Es enthält einen der schönsten Meditationstexte für geführte Meditationen, die ich je gelesen habe.

Die schon angesprochenen Werke von **James Redfield**: DIE PROPHEZEIUNGEN VON CELESTINE, DIE ZEHNTE PROPHEZEIUNG, DIE VISION VON CELESTINE und DAS GEHEIMNIS VON SHAMBALA. Seit 2012 ist DIE ZWÖFTE PROPHEZEIUNG VON CELESTINE erhältlich. James Redfield erklärt spirituelles Wissen, indem er den Leser – stellvertreten durch einen namenlosen Ich-Erzähler – auf die Suche nach den Erkenntnissen schickt und ihn die Auswirkungen erleben läßt. Ein Kunstwerk, in dem Erleben und Verstehen eins wird. Ein unbedingtes MUSS auf der Leseliste. **Stuart Wilde** ist der Autor von GELD – FLIESSENDE ENERGIE. Auch ein ver-rücktes Buch, das Spaß macht zu lesen.

EIN KURS IN WUNDERN von – **ja, von wem?** Zu Papier gebracht wurde es von Helen Schucman, aber hat sie es auch verfaßt? Die Entstehungsgeschichte dieses *Kurses* ist ein Wunder in sich. Wer neugierig ist, lese die EINFÜHRUNG IN EIN KURS IN WUNDERN von Kenneth Wapnick. Wer den *Kurs* einmal in Händen hatte, kann sich seiner Faszination jedenfalls nicht mehr entziehen.

Die genannten Autor/-innen können nur eine Auswahl darstellen – meine ganz subjektive Auswahl. Es gibt mehr gute Bücher und exzellente Autor/-innen als ich hier nennen könnte. Die Aufzählung hier stellt weder eine Werbung noch eine Wertung dar. Folge einfach deiner Intuition, wenn du das nächste mal eine Buchhandlung betrittst. Achte vor allem auf Bücher, die dir *zufallen*. Spring nicht zur Seite, **sondern fang sie auf**.

Michael H. Buchholz

Tu was du willst

**Die persönliche Lebensaufgabe
suchen und finden**

256 S., gebunden, € 14,95 [D] • ISBN 978-3-930243-55-6

Nach dem erfolgreichen ersten Buch »Alles was du willst« ist »Tu was du willst« der nächste Schritt auf dem Weg zu einem erfüllten Leben. Dabei handelt es sich um ein Lebensprinzip, das dem Leser hilft, seine Persönliche Lebensaufgabe (kurz Perle) zu finden und zu erfüllen – zum Wohle aller und mit Respekt gegenüber allen Lebewesen. Vermittelt wird dieses Prinzip in 24 Universellen Einsichten. Die Quintessenz daraus lautet:

»Das, was du am meisten magst, ist das, was du am besten vermagst. Kurz: Jedes Vermögen (ein Künstlerisches, ein Intellektuelles, ein Handwerkliches, auch ein finanzielles Vermögen) kommt von deinem Mögen. Und was unserem Wesen entspricht, mögen wir am meisten.

Tu was du willst meint daher: Tu, was dir wesensgemäß ist. Darauf wartet das Universum. Denn nur darum bist du hier.«

Bärbel Mohr

Bestellungen beim Universum

Ein Handbuch zur Wunscherfüllung

160 S., gebunden, € 12,95 [D] • ISBN 978-3-89845-516-9

Bärbel Mohr zeigt dir, wie du dir den Traumpartner, den Traumjob oder die Traumwohnung u.v.m. beim Universum »bestellen« kannst. Sie bringt dir bei, auf deine innere Stimme zu hören und beweist, dass Du wirklich alles bekommen kannst, was du dir wünschst! Ihre Rezepte zur Erfüllung der kleinsten und größten Wünsche helfen dir, dein Leben im Großen wie im Kleinen viel positiver zu gestalten, damit du die Wunschbestellung erfolgreich abschicken kannst und die geordnete Lieferung auch in vollem Umfang erhältst.

... mehr Bücher unter www.silberschnur.de

Julia Kathan

Alles für ein bisschen Liebe?

Schluss mit Warten & Schmachten.
Liebessucht erkennen und heilen.

224 S., broschiert, € 14,95 [D] • ISBN 978-3-89845-511-4

»Liebessucht« betrifft weit mehr als einen kleinen Kreis von Frauen, die dazu neigen sich auf Liebe und Beziehung als Lebenselixier zu fixieren.

Julia Kathan räumt schonungslos auf mit dem endlosen Warten auf Mr. Right und beschreibt lebensnah und humorvoll die Ursachen, die in die Liebeskummerschleife führen – und inspiriert dazu, sich selbst zu verändern, anstatt immer neu den zwecklosen Versuch zu starten, den Liebespartner verändern zu wollen. Und so macht sie Lust darauf, sich in die Liebe, die nicht wehtut, zu verlieben und unberührtes Neuland zu betreten.

Werner Ablass

Leide nicht – liebe

Über die Liebe zur Liebe ohne Objekt

192 S., Klappenbroschur, € 12,00 [D] • ISBN 978-3-89845-661-6

Wer leidet, befindet sich auf einer tiefen Schwingungsebene und zieht dementsprechend negative Lebensumstände an. Wer liebt, schwingt auf der höchstmöglichen Schwingungsebene und wird dadurch automatisch zum Magneten für Harmonie, Glück und Erfolg.

Dieses Buch zeigt, wie man trotz aller Widrigkeiten im Alltag in die Schwingung von Agape gelangt – einer Liebe, bei der das Objekt völlig zweitrangig ist. Das heißt: Man liebt nicht, weil man bestimmte Menschen, Dinge oder Situationen liebenswert findet; man liebt, weil man merkt, wie gut es einem dabei geht.

... mehr Bücher unter www.silberschnur.de